Mentalidade
criativa

D224m Daros, Thuinie.
        Mentalidade criativa : preparando estudantes para serem inovadores e resolutivos / Thuinie Daros. Porto Alegre : Penso, 2023.
        xx, 147 p.: il. ; 23 cm.

        ISBN 978-65-5976-032-9

        1. Educação. 2. Didática. 3. Criatividade. I. Título.

CDU 37.04

Catalogação na publicação: Karin Lorien Menoncin – CRB 10/2147

THUINIE DAROS

Mentalidade
criativa

preparando estudantes para
serem **inovadores** e **resolutivos**

Porto Alegre
2023

© Grupo A Educação S.A., 2023.

Gerente editorial
Letícia Bispo de Lima

Colaboraram nesta edição:

Coordenadora editorial
Cláudia Bittencourt

Editora
Paola Araújo de Oliveira

Capa
Paola Manica | Brand&Book

Preparação de originais
Vitória Duarte Martinez

Leitura final
Caroline Castilhos Melo

Editoração
Ledur Serviços Editoriais Ltda.

Reservados todos os direitos de publicação ao
GRUPO A EDUCAÇÃO S.A.
(Penso é um selo editorial do GRUPO A EDUCAÇÃO S.A.)
Rua Ernesto Alves, 150 – Bairro Floresta
90220-190 – Porto Alegre – RS
Fone: (51) 3027-7000

SAC 0800 703 3444 – www.grupoa.com.br

É proibida a duplicação ou reprodução deste volume, no todo ou em parte, sob quaisquer formas ou por quaisquer meios (eletrônico, mecânico, gravação, fotocópia, distribuição na Web e outros), sem permissão expressa da Editora.

IMPRESSO NO BRASIL
PRINTED IN BRAZIL

Desenvolver uma mentalidade criativa é a escolha mais inteligente para formar pessoas inovadoras, resolutivas e exponenciais com habilidades para criação de futuros desejáveis.

Thuinie Daros

Autora

Sou *co-founder* da Téssera Educação, uma empresa voltada para desenvolver profissionais da educação por meio de formações transformadoras que impactam a experiência de aprendizagem dos estudantes. Tenho 23 anos de experiência como professora e gestora da educação básica e do ensino superior, com 8 anos na liderança de modelos híbridos. Atuo como palestrante e realizo *workshops* sobre temáticas como metodologias ativas, educação híbrida, criatividade e tecnologias educacionais. Além disso, sou diretora de planejamento acadêmico na Vitru Educação, uma das maiores instituições educacionais do País.

Comecei a criar conteúdo para atender a uma demanda de profissionais que constantemente me procuravam para ajudá-los a superar os modelos de educação tradicionais, monótonos e desconectados da realidade e a buscar experiências mais criativas e ativas, capazes de promover o engajamento e o sucesso dos estudantes. Sigo promovendo novas experiências de aprendizagem por meio de modelagens criativas e sustentáveis que geram valor na experiência de aprendizagem e, é claro, compartilhando tudo, pois tenho o propósito de promover uma educação genuinamente inovadora.

Quer entrar em contato comigo?
thuinie.daros@gmail.com
@thuiniedaros
https://www.linkedin.com/in/thuinie-daros-4b538a77/
https://linktr.ee/ThuinieDaros

Esta obra é dedicada aos meus filhos, Sofia e Arthur, cujas personalidades singulares e criatividade me inspiram diariamente.

Apresentação

Vivemos em um mundo que estampa criatividade tanto na natureza quanto nas criações humanas, ambas compostas por diferentes tons, formas, texturas, sabores e sons. Uma caminhada de 15 minutos na praia durante o pôr do sol já é suficiente para experimentarmos uma explosão colorida de sensações. A exuberância da natureza contém, em seu DNA, um forte elemento de criatividade, que pode ser admirado nos detalhes encontrados na biodiversidade de uma floresta, na singularidade de cada espécie, na magnificência do fundo do mar, na magnitude de uma noite estrelada. O ser humano, por sua vez, já chega ao mundo altamente criativo. Por meio do uso de sua imaginação e de sua capacidade de execução, expressa sua criatividade em brincadeiras, na produção de obras de arte, na concepção de técnicas cirúrgicas que podem salvar vidas, na construção de cidades inteiras. Sim, a criatividade é algo inerente ao ser humano, que habita em um mundo que o convida, o tempo todo, a criar e a executar.

Este livro de Thuinie Daros sobre mentalidade criativa chega em boa hora por apresentar, de forma embasada, inspirada e prática, maneiras de nós, educadores, desenvolvermos, nos estudantes, a capacidade de serem mais criativos. Por ser uma educadora que tem atuado em diferentes setores e inovado em sua prática educacional há vários anos, a autora sabe que investir na mentalidade criativa de crianças e jovens é permitir que sejam essencialmente humanos enquanto são preparados e convidados a deixarem contribuições relevantes para o mundo. Este conteúdo é fundamental em um momento em que sabemos que o cenário educacional brasileiro precisa passar por grandes mudanças. Práticas centradas unicamente na entrega e na reprodução de conteúdos, adotadas por séculos em escolas e universidades, estão sendo questionadas por darem pouco espaço para as novas gerações ampliarem suas habilidades criativas. Não é para menos: vivemos em um momento altamente complexo. Por isso, cabe a nós, educadores, propor experiências de aprendizagem que expandam a mentalidade criativa dos estudantes.

No entanto, isso não é tudo. Pesquisas realizadas pelo psicólogo Paul Torrance (1965) indicam que as pessoas criativas têm mais realizações ao longo da vida. Torrance, que dedicou sua trajetória a investigar o tema da criatividade, aponta que uma pessoa criativa consegue perceber desafios, problemas e lacunas no conhecimento, criar hipóteses, testá-las e compartilhar as novas soluções e possibilidades com os demais. Chamam a atenção os resultados de uma pesquisa em que o psicólogo acompanhou, por 30 anos, 400 crianças, as quais foram divididas em dois grupos: o primeiro era composto por crianças que tinham um quociente de inteligência (QI) acima da média, isto é, eram bastante inteligentes, e o segundo, por crianças altamente criativas. Durante o período da pesquisa, Torrance descobriu que estas tiveram três vezes mais realizações na vida adulta. Em outras palavras, só para mencionar alguns exemplos, algumas delas contribuíram com a sociedade a partir de seus empreendimentos; outras, com produções acadêmicas, artísticas e culturais; e outras, ainda, com a vida política de suas cidades, seus estados e seus países. Essa pesquisa revela que a criatividade amplia o potencial realizador das pessoas e pode impactar positivamente a sociedade.

Ao longo dos anos, Thuinie Daros tem sido movida pelo pulsante propósito de apoiar educadores na ampliação de seu repertório e na adoção de práticas inovadoras na sala de aula presencial e digital. Os livros, os artigos, as palestras, as aulas e as formações que realiza tornaram a autora uma referência no campo da educação. Tenho a expectativa de que este livro amplie os conhecimentos de educadores sobre como desenvolver a mentalidade criativa de seus estudantes e de que isso fomente mudanças em sua prática como líderes, gestores educacionais e professores. Ao apresentar, de forma consistente, os conceitos que embasam a mentalidade criativa e, de forma prática, 40 estratégias de ativação que podem ser adotadas por qualquer educador, Thuinie Daros amplifica o legado que deixará para a educação brasileira.

Considero a leitura deste livro fundamental para quem, assim como eu, acredita que a criatividade de educadores é o caminho para o desenvolvimento da mentalidade criativa dos estudantes. Que, ao sermos inspirados pelas ideias apresentadas neste livro, sigamos criando, cocriando e, com isso, sendo agentes de transformação na vida de milhares de pessoas.

Carolina Costa Cavalcanti
*Doutora em Educação pela Universidade de São Paulo (USP)
e Mestra em Tecnologias Educacionais pelo Instituto Tecnológico e
de Estudos Superiores de Monterrey (ITESM - México).
Autora de livros, palestrante e professora na Fundação Dom Cabral (FDC).
Coordenadora da Pós-graduação em Gestão da Inovação
na escola do Instituto Singularidades.*

Prefácio

O quão criativo você é para o futuro? Como você tem contribuído para o desenvolvimento da criatividade dos estudantes ou da sua equipe? Pode até parecer utopia, mas, quando pensamos de forma criativa, não só geramos ideias como também propomos diferentes alternativas para fazê-las se tornarem realidade. Sabemos que a solução de muitos problemas já existentes (e de novos que surgirão) dependerá da capacidade das atuais e das futuras gerações de pensar de modo diferente do convencional e criar possibilidades.

Vale refletir sobre o fato de que nada do cenário em que vivemos hoje seria possível sem a criatividade humana; não teríamos 1% das coisas que usamos e das experiências que vivemos no nosso dia a dia. O problema é que, muitas vezes, fazemos as coisas do jeito usual, como naquele mundo previsível, em que tínhamos meses para planejar as atividades. Planejávamos e planejávamos para sermos capazes de controlar nosso próprio planejamento. Nós nos acostumamos com um mundo que se movia lentamente, em pequenos movimentos transformacionais, mas nada mais é tão controlável e tão previsível como era, e, por isso, a exponencialidade é um fenômeno cada vez mais latente.

A exponencialidade, característica marcante deste momento histórico, nos confunde o tempo todo! Vale observar: o que era pequeno fica grande, e o que era grande fica pequeno ou simplesmente deixa de existir. Tentar controlar algo em um mundo cada vez mais ambíguo, acelerado e exponencial de fato não é possível devido à força da imprevisibilidade. Porém, podemos controlar como compreendemos nosso papel profissional, como agimos de acordo com isso e, principalmente, o tempo que usamos para mobilizar as ações diante das novas situações.

Acredito que essa característica dos novos modos de viver da contemporaneidade seja movida pela **gestão das possibilidades, das alternativas, da velocidade de geração de valor e dos diferenciais criados pela ação**

coletiva, afinal, as carreiras não são mais lineares, e diversos empregos tendem a desaparecer. Navegar no mundo do trabalho – fluido, aberto e com diferentes talentos – será uma das habilidades mais importantes de agora em diante...

Por isso, convido você, líder, gestor educacional ou professor, a pensar sobre como podemos criar condições para desenvolver a mentalidade criativa nos estudantes. Pessoas com **mentalidade criativa** abraçam a incerteza e permanecem mais dispostas a compartilhar ideias que, em colaboração com os outros, geram caminhos essencialmente resolutivos e, consequentemente, impactam de forma positiva a vida de outras pessoas.

Nesse contexto, no entanto, o conceito tradicional de "aluno" dá lugar a um estudante mais dinâmico, independente e autorregulado. Emerge a figura do "sujeito aprendiz do século XXI", em que a aprendizagem não se restringe à mera aquisição formal dos conhecimentos e das informações, mas parte de um processo social que requer interação e desenvolvimento de novas competências e habilidades, o que permite que ela ocorra ao longo da vida e para sempre. Essa nova abordagem tem fomentado reflexões acerca das práticas e das concepções teóricas da aprendizagem. Vale considerar que muitos profissionais que não tiveram acesso a uma educação focada no desenvolvimento dos processos criativos buscam alternativas para ampliá-la, e isso é tão possível quanto necessário.

Esta é a grande motivação por trás deste livro: uma formação que se acredita ser a **mais potente** e a de **maior impacto na vida dos estudantes**. Isso porque se, por um lado, os estudantes são desafiados a ingressar em um mundo do trabalho regido pela instabilidade e pela imprevisibilidade, por outro, também podem encontrar alternativas, remodelando regras e criando possibilidades. Esse é exatamente o ponto! Como profissionais da educação, precisamos desenvolver nos estudantes uma mentalidade capaz de buscar novas combinações e novos rearranjos e modelos, ou seja, devemos ensiná-los a olhar de maneira criativa para os problemas e os desafios do mundo.

A escola e a universidade precisam ser espaços para a construção de uma aprendizagem significativa mais conectada com a realidade e com os interesses dos estudantes, preparando-os para o futuro, não apenas cognitivamente, mas emocionalmente, e valorizando o autoconhecimento, a autonomia intelectual, a confiança criativa por meio da valorização de singularidades e o favorecimento da autorrealização. Por isso, este livro propõe uma abordagem que permite a aplicação de 40 possibilidades pedagógicas por meio de **estratégias de ativação**, a fim de ajudar a transformar experiências de aprendizagem monótonas e sem significado em aulas (ou reuniões de trabalho) realmente **criativas e inspiradoras**.

As pessoas precisam de novas referências e de uma prática pedagógica capaz de aprimorar o potencial humano por meio do desenvolvimento dessas habilidades. A intenção é habilitar os leitores para facilitar o fortalecimento de uma mentalidade focada em soluções criativas para os problemas atuais a partir da aplicação das dinâmicas apresentadas. Cabe, portanto, definir as aplicações, podendo utilizá-las de modo isolado ou combiná-las a partir de outras demandas, bem como adequá-las com base na complexidade do assunto ou do tema a ser trabalhado em qualquer sala de aula (ou mesmo no universo corporativo).

Que a leitura e a aplicação das propostas sistematizadas nesta obra mobilizem professores e gestores educacionais para promover a matéria-prima da superação do *status quo* vigente por meio da proposição de novas alternativas de solução de problemas e da formulação de novas perguntas, novas ideias e novas realizações, gerando valor para si e para o mundo.

Sumário

Apresentação xi
Carolina Costa Cavalcanti

Prefácio xv

Capítulo 1 Por que desenvolver a mentalidade criativa? 1
    Criatividade e inovação são as principais competências exigidas no século XXI 3

Capítulo 2 O que é a mentalidade criativa? 13

Capítulo 3 Como desenvolver a mentalidade criativa 23
    Poder dos erros e das dificuldades 26

Capítulo 4 Estratégias de ativação do potencial criativo 41
    Estratégias de ativação para a resolução criativa de problemas 49
    Estratégias de ativação para o acolhimento, o estabelecimento de vínculos e a valorização das singularidades 69
    Estratégias de ativação de construção de habilidades para o trabalho em grupo 87
    Estratégias de planejamento, estabelecimento de metas e produtividade 108

Capítulo 5 Como criar experiências de aprendizagem criativas e memoráveis 129
    Efeito montanha-russa na sequência didática 132
    Prática ativa e criativa 132
    Docência multimodal e utilização de recursos tecnológicos 133
    Diversificação da avaliação da aprendizagem 134

Capítulo 6 Considerações finais: conhecimento superficial e conhecimento criativo 139

Referências 143
    Leituras recomendadas... 146

1

Por que desenvolver a mentalidade criativa?

> O mundo de hoje necessita de uma força de trabalho composta de pessoas com interesse permanente em aprender, que sejam criativas, curiosas e autônomas, capazes de conceber e implementar novas ideias.
> *Salman Khan*

Por que começar pelo propósito? Um dos livros que gera inspiração em diversos momentos da minha atuação como gestora e professora é o *Comece pelo porquê: como grandes líderes inspiram pessoas e equipes a agir*, de Simon Sinek (2018). O autor explica que o propósito é a essência que justifica as atitudes mobilizadas em prol de algo maior, indo além da simples tarefa. Isso significa que, mais do que a natureza da tarefa em si, precisamos ter clareza acerca do resultado que nosso trabalho gera.

Como gestora e professora, por exemplo, a minha grande realização não está nas tarefas cotidianas de planejar, executar, acompanhar e avaliar as diferentes atividades pedagógicas em si, mas na transformação que essas ações podem gerar na vida dos estudantes e, consequentemente, no seu impacto na sociedade.

Não é à toa que **a cultura da criatividade e da inovação começa pelo propósito**. Se quisermos ter **mentalidade criativa** para um desenvolvimento **inovador e resolutivo** em um **cenário exponencial**, devemos recorrer inicialmente ao porquê, justamente para compreendermos plenamente de que forma o que iremos fazer impactará o mundo. Com essa clareza, fica muito mais fácil estruturar os próximos passos, já que estes serão formas de materializar objetivos definidos.

Por falar em propósito, você já parou para pensar sobre quando foi a última vez que criou algo realmente novo, original ou conhecido, mas em outro contexto? Quantas ideias é possível gerar a partir do mesmo assunto? Quantas formas diferentes de usar algo você poderia propor? O que fazer com uma ideia? Quais soluções você apresentaria para um problema ou como você resolveria determinado desafio? **O desenvolvimento da criatividade é um exercício de diferentes possibilidades.**

Não sei se você se considera criativo, mas o fato é que todos nós podemos sê-lo. Basta expandir seu potencial e encontrar soluções criativas e inovadoras. Pessoas criativas conseguem compreender a fluidez da vida e, por isso, geralmente se afastam de ideias, parâmetros e comportamentos considerados rígidos, fixos e imutáveis. Para mim, a criatividade é a conexão entre repertório e processo, a fim de desenvolver uma solução que gere valor.

Com a disseminação do acesso à internet e o estreitamento das formas de comunicação entre as pessoas, a busca por profissionais cada vez mais criativos e capazes de gerar ideias tem sido mais recorrente. Diante desse cenário, as instituições e as empresas estão ávidas por mentalidades criativas que fortaleçam sua formação técnica com habilidades pessoais para apresentar melhorias e estratégias inovadoras, independentemente de sua área de atuação. Mas o que é, de fato, uma mentalidade criativa?

Mentalidade é um conjunto de suposições, ideias e métodos mantidos por um sujeito ou exercidos por um grupo. Logo, a mentalidade criativa é um **modo de pensar, sentir e expressar de forma consistente, aberta e não fixa.** Pode ser compreendida como o resultado de um estado mental estimulado a partir dos **conhecimentos** (adquiridos de maneira formal ou informal), das **habilidades** (aplicação prática dos conhecimentos) e das **atitudes** (comportamento diante das situações) que permitem a geração de diferentes ideias, as quais, quando direcionadas e aplicadas, passam a produzir resultados inovadores, agregando valor.

Uma mente criativa é capaz de criar e melhorar os produtos, os serviços e as modelagens que impactam positivamente a experiência do usuário: **é uma mentalidade capaz de gerar mais valor para o mundo!**

No livro *Seja singular! As incríveis vantagens de ser diferente*, os autores Petry e Bündchen (2018) compartilham ideias sobre o poder da singularidade e como o modo de pensar impacta nossas próprias vidas. Uma das perguntas que chama a atenção e me coloca em constante estado reflexivo é **por que seu modo de pensar é mais importante do que sua inteligência, seu talento e suas oportunidades?**

Acredite ou não, o mundo de hoje está cheio de ideias incríveis que sequer passaram pelo estágio inicial. Para conquistar algo, é preciso ter uma convicção forte o suficiente para resistir a opiniões contrárias, chacotas e deboches. É preciso desenvolver a mentalidade criativa. É acreditar que podemos criar os futuros desejáveis. Nosso cérebro está sempre nos oferecendo um leque de possibilidades, mas apenas gerar ideias não é o suficiente. O que as pessoas com mentalidade criativa têm de diferente são o repertório amplo e a capacidade de recorrer a ele. Trata-se de desmontar e remontar as próprias vivências, as próprias experiências e os próprios saberes. É combinando o que se sabe com o que se conhece que se **cria algo**.

Vale considerar que os atos mais criativos surgem quando o passado não é tratado como sacrossanto, mas como alimento de novas criações – quando renovamos o imperfeito e remodelamos o aprendizado. O segredo está na capacidade de reaprender.

CRIATIVIDADE E INOVAÇÃO SÃO AS PRINCIPAIS COMPETÊNCIAS EXIGIDAS NO SÉCULO XXI

Criatividade e inovação são palavras comumente utilizadas como sinônimos, no entanto é importante ter a clareza de que elas não carregam o mesmo significado. A criatividade trata especificamente do processo de pensar, imaginar e ter ideias. Está associada a *insights*, sonhos, imaginação e invenção. A criatividade é livre! O limite está no que a mente é capaz de produzir. Já a inovação pode ser compreendida como a capacidade de colocar em prática as ideias geradas. Não adianta ter ideias e não conseguir materializá-las, assim como não adianta ter a capacidade de materialização e não dispor das ideias que resultam em modificações significativas ou na criação de alguma coisa.

Você, como professor ou gestor, quer ser parte do problema ou da solução? Acredito que ser parte da solução é, de fato, promover a mentalidade criativa nos estudantes.

Se você está focado no desenvolvimento do potencial criativo dos estudantes ou dos colaboradores dos times que lidera, saiba que o desenvolvimento da criatividade e da inovação é um elemento basilar para qualquer modelo institucional da contemporaneidade, afinal, o mundo contemporâneo demanda que os modelos tradicionais vigentes sejam reinventados, e qualquer mudança, por menor que seja, **requer pessoas capazes de imaginar um futuro diferente**. Por isso, a criatividade tem sido destacada como a principal semente para a geração da inovação e da transformação.

Apenas como ilustração, *The future of jobs* (WORLD ECONOMIC FORUM, 2020), uma publicação do Fórum Econômico Mundial divulgada no final de 2020, definiu dez habilidades, descritas a seguir, que estarão em alta até meados de 2025, e a criatividade, a originalidade e a iniciativa passaram a ser a segunda habilidade mais almejada.

1. Aprendizagem ativa e estratégias de aprendizagem.
2. Criatividade, originalidade e iniciativa.
3. Inteligência emocional.
4. Liderança e influência social.
5. Pensamento analítico e inovação.
6. Pensamento e análise críticos.
7. Projeto e programação de tecnologia.
8. Raciocínio, resolução de problemas e ideação.
9. Resiliência, resistência ao estresse e flexibilidade.
10. Solução de problemas complexos.

O estudo de Alencar, Fleith e Bruno-Faria (2010, p. 113) já reforçava esse pensamento: "[...] as habilidades criativas são de crucial importância no processo de preparação dos alunos para lidar com um mundo complexo e cheio de desafios". No TED Talk "Será que as escolas matam a criatividade?", um dos mais assistidos de todos os tempos, Ken Robinson (2006, documento *on-line*), especialista em educação e criatividade, afirmou que "[...] a criatividade é tão importante quanto a alfabetização". Embora já tenha mais de 15 anos, a reflexão certamente continua muito atual.

Para Robinson (2019, p. 109): "[...] os verdadeiros impulsionadores da criatividade são o apetite pela descoberta e uma paixão pelo trabalho em si". A maioria das pessoas passa a vida odiando o que faz ou, nas palavras de Robinson (2019, p. 109), "[...] apenas esperando pelo final de semana", enquanto outras conseguem descobrir seu "elemento-chave", termo criado pelo autor para designar a junção do que se faz bem com o que se ama fazer.

Como podemos ver, a criatividade e a inovação são habilidades essenciais do nosso momento histórico, e essa necessidade vem ganhando cada vez mais destaque e maior relevância. Em 2017, por exemplo, a Organização das Nações Unidas (ONU) incluiu em seu calendário o Dia Mundial da Criatividade e Inovação, celebrado em 21 de abril. A data foi criada para lembrar a população da necessidade de solucionar os problemas sociais, como os objetivos do desenvolvimento sustentável.

Só para se ter uma ideia, no século XX, a população mundial chegava à marca de 6 bilhões de pessoas; já no início do século XXI, éramos 7 bilhões; agora, passando a casa dos 20 anos do início do novo século, já somos quase 8 bilhões. *Grosso modo*, você deve estar pensando que longevidade humana é um privilégio decorrente da criação de novas tecnologias que favorecem a prevenção e a detecção de doenças, uma vez que promovem o aumento da possibilidade de cura e, consequentemente, o prolongamento e a melhora da qualidade de vida. Por outro lado, imagine 8 bilhões de pessoas utilizando os recursos naturais escassos do planeta!

Pense no modo como utilizamos esses recursos naturais renováveis para manter nosso estilo de vida, na necessidade iminente de reconsiderar como os brasileiros realizam a gestão da previdência e, ainda, em como essas tecnologias, frutos da criação humana, ainda não são acessíveis para toda a população. O fato é que vivemos em uma época revolucionária. Não importa em qual lugar do mundo você está lendo este livro: nosso planeta passa por uma revolução global! A inovação tecnológica e o crescimento populacional são as forças que impulsionam e transformam a vida e o trabalho, e os resultados são imprevisíveis se não nos mantermos conscientes.

Michaels, Handfield-Jones e Axelrod (2021) trazem uma reflexão muito oportuna sobre como as empresas e as organizações vêm enfrentando dificuldades para encontrar as pessoas que precisam. Quando encontram, existe a dificuldade de retê-las. Perda de bons profissionais, rotatividade e inabilidade têm sido um problema que vem se agravando. A consequência é que as organizações estão travando uma verdadeira guerra por talentos, aumentando a pressão sobre gestores para explorarem novos modelos, que vão desde repensar o ambiente de trabalho e cultivar o propósito profissional até conseguir reter o time criativo da empresa.

Ainda nesse contexto, vale considerar que, com base nos dados de Brigatti e Vieceli (2021), publicados na Folha de São Paulo, no Brasil, há o registro de 14 milhões de desempregados e, obviamente, muitos destes profissionais aceitarão as condições estipuladas pelas empresas e pelas instituições contratantes devido à necessidade iminente de produzir a própria existência. Entretanto, basta observar o fenômeno da Grande Renúncia, nos Estados Unidos, e os pedidos de demissão em massa por profissionais de todos os níveis de renda em razão da não oferta de um trabalho flexível.

Para corroborar a importância do desenvolvimento da mentalidade criativa, o estudo intitulado *Buenos Días Creatividad*, realizado pela Fundação Botín (2012), da Espanha, apontou que o desenvolvimento criativo na infância contribui para o aumento, em pelo menos 17,6%, da possibilidade de que uma criança entre em uma boa faculdade e exerça uma profissão, além de reduzir em 10% a chance de que ela fique sem trabalho. A pesquisa também apontou outros benefícios para a vida dos estudantes que tiveram um desenvolvimento criativo, como o interesse em atividades voluntárias e a capacidade de cultivar amizades.

A imprevisibilidade, a exponencialidade e a transformação digital são fatores primordiais no impulsionamento da criação de novas modelagens pedagógicas, uma vez que, ao entrarem no mercado de trabalho, os estudantes terão que lidar com a constante instabilidade. No entanto, do mesmo modo, eles terão a oportunidade de criar regras, produtos e soluções. Acredito que a solução para esse desafio não seja elevar o nível acadêmico em si, mas desenvolver as potencialidades e os talentos dos estudantes por meio de uma educação capaz de ajudá-los a resolver os problemas do presente.

Os exemplos mencionados são apresentados para justificar a ideia de que a defesa de uma educação capaz de acompanhar as modificações sociais e estruturais não se trata de mero modismo pedagógico, mas tem grande relevância para o momento histórico atual, por estar intimamente ligada à evolução da própria sociedade. Além de ser altamente relevante, o desenvolvimento da criatividade é parte das competências socioemocionais a serem contempladas obrigatoriamente nas escolas brasileiras.

Inclusive, a Base Nacional Comum Curricular (BNCC) – um documento normativo que estabelece o conjunto de aprendizagens essenciais que todos os estudantes brasileiros têm direito a conhecer e desenvolver, independentemente de onde vivam ou estudem, com o intuito de garantir uma educação básica de qualidade, por meio de uma formação integral – adotou dez competências gerais e, entre elas, a de desenvolver novas habilidades, como o pensamento científico, crítico e criativo:

> Exercitar a curiosidade intelectual e recorrer à abordagem própria das ciências, incluindo a investigação, a reflexão, a análise crítica, a imaginação e a criatividade, para investigar causas, elaborar e testar hipóteses, formular e resolver problemas e criar soluções (inclusive tecnológicas) com base nos conhecimentos das diferentes áreas. (BRASIL, 2017, documento *on-line*).

> *Agora, mais do que nunca, as comunidades humanas dependem de uma diversidade de talentos, e não de um único grupo de habilidades.*
> Ken Robinson

Para falar em criatividade e inovação na educação, vale compreender seu significado e suas implicações pedagógicas, para que esses conceitos não sejam banalizados ou mesmo tratados com mero simplismo, conferindo-lhe uma visão restrita. Por exemplo, é comum ouvir que um professor que decora a sala de aula frequentemente ou propõe atividades dessa natureza é um profissional criativo, quando, na verdade, ele apenas prioriza as habilidades manuais. Para inovar, precisamos ter um ambiente adequado à criatividade; no entanto, o que mais encontramos são pessoas com medo de dar sugestões e compartilhar seus pensamentos e suas ideias. Isso ocorre porque as escolas geralmente punem os que erram por meio da retirada de notas, por exemplo. Todavia, **ninguém aprende sem errar, e não é possível inovar sem arriscar**. Vale destacar que a criatividade é um tipo de vulnerabilidade. Para exercê-la, é preciso se permitir errar e ter a mente aberta, pois, assim como boas ideias surgirão, certamente ideias ruins e totalmente descartáveis também.

Se as instituições de ensino (ou mesmo os espaços de trabalho corporativos) dispuserem de um ambiente em que haja discussão de projetos, aceitação de sugestões e troca de ideias e em que não se pratique a crítica destrutiva, a tendência é criar cada vez mais. O fato é que as maiores possibilidades de inovação e disrupção ocorrem a partir de uma ideia que inicialmente pode parecer estranha.

O desenvolvimento da mentalidade criativa está pautado na inserção de novas tecnologias na sala de aula, na interatividade digital, na aprendizagem criativa, na promoção da cultura *maker*, na aplicação de práticas STEAM (sigla do inglês para *Science, Technology, Engineering, Arts, Mathematics*) no uso da inteligência artificial (IA), na escolha de um currículo contemporâneo, na utilização de modelos pedagógicos flexíveis, no uso de novas abordagens híbridas, na aplicação de metodologias ativas, na preferência pelo material didático digital (MDD), no desenvolvimento do pensamento computacional, etc., por meio de experiências ricas e significativas que favoreçam a prototipação, o desenvolvimento de novos projetos, o diálogo e a colaboração entre professores e estudantes – como protagonistas do processo de aprendizagem. Por essa razão, uma educação considerada relevante e de qualidade em nosso momento histórico é aquela que capacita a pessoa a pensar. Dominar operações, memorizar textos longos e reproduzir uma ideia tal qual ela foi concebida não é o suficiente.

A mudança social, econômica e tecnológica, que vem ocorrendo de forma cada vez mais acelerada, tem impactado diretamente a organização escolar atual, sobretudo com o advento da internet e o surgimento de novas tecnologias digitais de informação e comunicação na vida social e escolar, e trouxe à tona novas relações sociais e novas formas de aprender e interagir, modificando a relação entre o professor e o estudante.

Pereira (2019, p. 116) aponta uma estimativa de que, em 2030:

> [...] um profissional gastará 30% mais tempo aprendendo no trabalho (*on the job*) dentro das funções específicas; ocupará 100% mais tempo usando o pensamento crítico, 77% empregando habilidades de ciência e matemática e 17% utilizando comunicação verbal e habilidades interpessoais.

Isso significa que, em sala de aula, deve-se estimular o comportamento resolutivo e empreendedor para que os estudantes sejam capazes de desenvolver habilidades cognitivas mais amplas, como o pensamento crítico e a solução criativa de problemas complexos, utilizando a premissa do *lifelong learning* (aprendizagem ao longo da vida).

A transformação digital vem impactando tanto nossas vidas pessoais quanto nossas atividades profissionais, e, para garantir o processo de inovação e disrupção nas instituições educativas, será necessário contar com a utilização de recursos tecnológicos, uma estrutura que possibilite a interação, um novo modelo de formação docente e, principalmente, a incorporação de novos saberes, sem desconsiderar o conhecimento científico clássico. É preciso ter em mente que a inovação não se dá apenas no plano pedagógico, mas também no plano epistemológico.

O grande desafio da contemporaneidade não está somente na integração das novas tecnologias, como a IA e a internet das coisas (IoT, do inglês *internet of things*), no cotidiano da sala de aula, mas no desenvolvimento de um *mindset* que possibilite a liberdade para experimentação e implementação de novos modelos, buscando uma cultura de inovação, criatividade e resolução de problemas, habilidades necessárias no mundo do trabalho atual.

Desenvolver uma mentalidade criativa requer uma educação verdadeiramente inovadora, em que não há lugar para atividades do tipo "decoreba", treinamentos repetitivos e, muito menos, conhecimentos desconectados da realidade, visto que essa forma de aprender não corresponde com as necessidades contemporâneas mais amplas. A sala de aula deve ser um reflexo do mundo para o qual estamos preparando os nossos estudantes. **Se almejamos que eles criem e inovem, nossas salas de aula devem ser lugares criativos, inovadores e para aprender.**

Acredito que, ao chegar ao término da leitura deste primeiro capítulo, você já será capaz de responder à questão inicial: por que desenvolver a mentalidade criativa? Ao apropriar-se dos conhecimentos, os estudantes serão capazes de compreender o mundo e transpor sua compreensão para a transformação de sua própria vida ou de sua comunidade. Em outras palavras, **ter uma mentalidade criativa é necessário para ser capaz de propor soluções para problemas reais e para transformar as ideias em realidade.**

POR QUE DESENVOLVER A MENTALIDADE CRIATIVA?

Para que os estudantes

- ✓ tornem-se sujeitos ativos da própria aprendizagem;
- ✓ não repitam sempre a mesma coisa;
- ✓ gostem de aprender;
- ✓ adaptem-se às mudanças mais facilmente;
- ✓ desenvolvam suas potencialidades;
- ✓ despertem a própria capacidade de criação;
- ✓ ajudem a si e o mundo.

#Colecione experiências!

Nossas ações são movidas por um propósito, e um propósito claro é aquele que nos movimenta, motiva e inspira. Todos os dias somos impulsionados por um dínamo interno – a motivação. **O que lhe move para desenvolver a mentalidade criativa dos estudantes?** Você já identificou seu motivo para agir? Registre!

_____

_____

_____

_____

_____

_____

_____

#Turbine sua prática criativa!

Você sabia que encontrar um colega que assuma o papel de companheiro em sua jornada criativa é uma excelente alternativa para transformar esse processo em uma experiência mais leve, agradável e produtiva? Spencer e Juliani (2019, p. 1) afirmam que "é mais fácil correr riscos criativos quando não se está sozinho".

Às vezes, uma ideia inicial é apenas uma meia ideia precisando de outra meia ideia para completá-la. Que tal começar essa parceria convidando seus colegas para ampliar a lista sobre os motivos pelos quais devemos desenvolver a mentalidade criativa nos estudantes?

2

O que é a mentalidade criativa?

> Toda verdade passa por três estágios. No primeiro, ela é ridicularizada.
> No segundo, é combatida com violência. No terceiro, é aceita como óbvia.
> *Arthur Schopenhauer*

Agora que você já compreendeu por que devemos desenvolver a mentalidade criativa nos estudantes, vamos entender melhor esse modelo mental que possibilita a **transcendência do pensamento óbvio** por meio do acionamento do repertório para criar ideias.

No livro *Wired to create: unraveling the mysteries of the creative mind*, o autor Scott Barry Kaufman defende que a criatividade não se trata meramente de *expertise* ou conhecimento, mas da integração de características intelectuais, emocionais, motivacionais e éticas. Para o autor, os criativos têm o hábito de se divertir e de cultivar o bom humor e brincadeiras, o que pode justamente revolucionar a maneira como o cérebro trabalha. Além disso, Kaufman observou que essas pessoas tinham uma postura aberta para a própria vida, demonstravam preferência por complexidade e ambiguidade, contavam com uma tolerância descomunal para a desordem e a confusão e apresentavam habilidade de extrair ordem do caos, independência, inconvencionalidade e disposição para correr riscos. Costumo dizer que são pessoas que estão em modo beta em *looping*. Explico: um produto ou um serviço em modo beta é a versão disponibilizada para os usuários testarem e reportarem *bugs* e *feedbacks* aos desenvolvedores. Essa prática auxilia consideravelmente no sucesso do lançamento do produto ou do serviço, eliminando problemas de forma antecipada. **Estar em modo beta em *looping*** implica uma postura de aperfeiçoamento contínuo e ágil. **Criar, testar, avaliar e corrigir são pontos essenciais.**

Antes de aderir imediatamente à ideia que estou compartilhando, quero que você reflita sobre um ponto essencial: você já percebeu como algo novo parece emocionante inicialmente, mas logo se incorpora à normalidade? Quer exemplos? *Smartphones* e vacinas! *Smartphones* e vacinas revolucionaram o mundo e foram rapidamente incorporados ao cotidiano. Mesmo sendo criações humanas altamente relevantes e realmente incríveis devido ao seu valor na vida das pessoas, logo se tornaram invisíveis aos nossos olhos, simplesmente algo normal e corriqueiro. É como se rapidamente perdêssemos a possibilidade de nos maravilhar.

O problema é que essa normalização continua impactando o modo como fazemos as coisas: modelos pedagógicos, modelos de gestão, modelos de negócio... Sabe aqueles pensamentos como "por que mudar se já fazemos assim há tanto tempo?" ou "sempre funcionou assim"? Você já se perguntou por que eles ocorrem?

É natural que o cérebro repita as mesmas atitudes e as mesmas atividades. Geralmente, buscamos nos sentar nos mesmos lugares, dirigir pelos mesmos caminhos, comprar nos mesmos locais, etc. Entretanto, para que o cérebro aprenda outros padrões e se direcione para gerar regularmente novas ideias e, consequentemente, formar novas sinapses, precisamos exercitar novas possibilidades. Se vivemos em constante transformação, por que nos adaptamos e normalizamos tão rapidamente o que nos cerca? **A supressão e a repetição** são a resposta.

No livro *Como o cérebro cria: o poder da criatividade humana para transformar o mundo*, os autores David Eagleman e Anthony Brandt (2020) explicam essa questão. Segundo eles, conforme o cérebro vai se acostumando com alguma coisa, ele responde cada vez menos. Para compreender, é bem simples: na primeira vez em que o cérebro entra em contato com algo, ele gera uma grande resposta. Absorve algo novo e registra. Já na segunda vez, a resposta é menor, e, à medida que o cérebro vai entrando em contato com algo já visto, a importância dada segue diminuindo. Quanto maior o conhecimento, menor a energia neural gasta. É como se tudo perdesse a graça à medida que se torna conhecido. Exatamente por isso não rimos da mesma piada ou não ficamos satisfeitos em assistir sempre ao mesmo filme. A indiferença é cultivada justamente na familiaridade. **A supressão e a repetição se instalam, e naturalmente a atenção é reduzida**, por se tratar de um comportamento ou pensamento repetitivo e rígido, muitas vezes ocorrendo de forma involuntária.

Por que nosso cérebro funciona assim? Na tentativa de poupar energia cerebral, buscamos algo mais conhecido – o previsível. Se o corpo humano vive e morre de acordo com o estoque de energia, quanto mais compreendemos um fenômeno, um fato ou mesmo um processo, mais poupamos energia. Eagleman e Brandt (2020, p. 34) explicam:

> Lidar com o mundo é uma tarefa difícil que exige movimento e raciocínio – é um empreendimento energicamente grandioso. Quando fazemos previsões corretas, economizamos energia. [...] A repetição nos torna mais confiantes em nossas previsões e mais eficientes em nossas ações.

Isso significa que, como humanos, podemos sentir uma forte atração pela previsibilidade. Ocorre, no entanto, que a total falta de surpresa pode ser um grande problema. A previsibilidade pode nos dar segurança e confiança, mas o cérebro busca novidades. É como se ele fosse nutrido quando recebe uma atualização – ou seja, para gerar novas ideias, é preciso estar atento e motivado e ser capaz de manter a atenção na experiência vivenciada. **Precisamos de novidades!**

Por um lado, o cérebro busca a previsibilidade para poupar energia; por outro, ele precisa de estímulos e novidades para se sentir nutrido. Com muita previsibilidade, perdemos o foco e a atenção. Com muitas surpresas e novidades, ficamos desorientados, pois gastamos muita energia cerebral. Como resolver esse paradoxo? **A resolução está no equilíbrio.**

É por isso que as invenções, de modo geral, não surgem de algo totalmente novo. **Elas sempre se inspiram em criações anteriores.** Prospecção, refino e mineração são elementos presentes no processo de criação. Recorremos às nossas experiências predecessoras. Eagleman e Brandt (2020, p. 110) afirmam que "[...] o cérebro está sempre circulando pelo nosso depósito de experiências e, muitas vezes, junta ideias bastante distantes".

A supressão e a repetição nos aprisionam na necessidade de avanço em diversas situações cotidianas e, ao mesmo tempo, paradoxais, como quando precisamos encontrar pessoas criativas e talentosas, mas ignoramos os talentos das pessoas à nossa volta; quando precisamos promover a criatividade e a inovação, mas engessamos os processos e as condições que auxiliariam no desenvolvimento dessas soluções; quando não queremos abrir mão de ensinar determinados conhecimentos em nosso currículo escolar, mas não sobra tempo para desenvolvermos o que é necessário para nosso momento histórico; quando sabemos que temos que fazer diferente, mas somos vencidos pelo "sempre fizemos assim".

> Em contextos exponenciais, é importante ter a clareza de que fazer as coisas da mesma forma e do mesmo modo como foram feitas até o momento nem sempre garantirá o mesmo sucesso. Não se trata do tamanho do esforço empreendido, mas do modo e da velocidade com que teremos de agir!
>
> *Thuinie Daros*

Se pararmos para pensar, constataremos que o trabalho integrado entre máquinas e humanos já é uma realidade há muitos anos. O fato é que, nos próximos anos, aquelas trabalharão ainda mais para otimizar nossas ações e certamente redesenharão as profissões.

O estudo *Realizing 2030: a divided vision of the future* (Projetando 2030: uma visão dividida do futuro), encomendado pela Dell Technologies ao Institute for the Future (IFTF), analisou os impactos dessas tecnologias até 2030. A pesquisa foi aplicada em aproximadamente 4 mil líderes de médias e grandes instituições de 17 países, incluindo o Brasil. Com base no levantamento realizado, estima-se que 85% dos trabalhos que existirão em 2030 serão ocupações que ainda não existem (DELL TECHNOLOGIES, [202-?]).

Com as constantes aceleração e transformação, novas competências certamente deverão ser requeridas, o que impacta diretamente a necessidade de modificar o sistema educacional. Para se ter uma ideia, a mesma pesquisa indicou que 56% dos entrevistados afirmaram que as escolas e as universidades precisam focar seus esforços em ensinar como aprender, e não necessariamente no que aprender, com o intuito de desenvolver habilidades como criatividade, raciocínio lógico e autonomia (DELL TECHNOLOGIES, [202-?]). Cinco habilidades se mostram primordiais nesse cenário:

1. mentalidade criativa;
2. lógica;
3. inteligência emocional;
4. atuação em cenários complexos;
5. conhecimento tecnológico.

Ou seja, a capacidade de desenvolver novas habilidades e uma mentalidade criativa será incrivelmente necessária, e isso significa que saber aprender é mais relevante do que entender profundamente como se executa uma determinada tarefa. **Na prática, exercer a mentalidade criativa é permitir que seu cérebro trabalhe para você, e não por você, ato que deve ser estimulado continuamente.**

Ter uma mentalidade criativa se baseia também no estilo de vida e no modo como as experiências e as situações cotidianas são interpretadas. Se você acredita em si e no potencial que tem dentro de si, é muito mais fácil ser criativo e desenvolver a criatividade nos estudantes.

> Como a criatividade é principalmente um impulso intrínseco,
> seu maior recurso é a própria força interior de uma pessoa.
>
> *Eckhart Tolle*

Para sermos mais criativos e explorarmos ao máximo essas potencialidades, é importante saber como funciona o processo de desenvolvimento da criatividade e usá-lo a nosso favor, certo? O ponto de partida está na compreensão de que a criatividade é resultante de processos cognitivos, ou seja, **um fenômeno decorrente do conjunto de funções e comandos emitidos pelo cérebro**. Isso mesmo! Os mecanismos cerebrais não são algo exclusivo de determinadas pessoas nem dons, mas um modo de funcionamento em que os caminhos e os gatilhos podem ser desenvolvidos e aperfeiçoados.

Na prática, trata-se de um processo decorrente de conexões e sinapses envolvidas em diferentes aspectos emocionais, como a tomada de decisão, o enfrentamento de desafios, a proatividade, a autoconfiança, as capacidades analítica e de abstração, a imaginação e o raciocínio lógico. Da concepção à concretização de uma ideia, acionamos uma série de funções e percorremos caminhos conscientes (e inconscientes), além de aplicarmos as emoções. Quando se lida com uma tarefa, por exemplo, diferentes regiões do cérebro são mobilizadas, agindo em conjunto. Assim, a geração de ideias está relacionada à capacidade de estabelecer associações incomuns fora da trilha habitual do pensamento e da ação. É por esse motivo que os criativos tendem a ser repositórios de referências culturais, seja de livros, jogos, viagens e artes, seja de experiências de modo geral, pois estão sempre buscando informações no universo que vivenciam.

Considerando que o exercício da criatividade requer a capacidade de fazer associações entre os conceitos e as ideias, destaca-se o papel relevante do acervo de imagens mentais em dois processamentos psicológicos básicos: recordar uma memória e resolver problemas. Para compreender esse fenômeno, é só imaginar que seu cérebro (ou o do estudante) é como uma caixa cheia de objetos a serem utilizados em algum momento. Você certamente não se lembrará de tudo que está lá, mas, quando surgir a necessidade, saberá o que tem. **Isso é o que chamamos de repertório!** É como se fosse um grande depósito, ao qual você poderá recorrer sempre que necessário. Todavia, agora imagine o contrário: seu cérebro como uma caixa vazia! De onde você tirará os objetos quando precisar? É exatamente assim que funciona: quanto mais referências, viagens, imersões, experiências, leituras, filmes, troca de ideias, etc., mais objetos haverá na caixa.

Então, precisamos realmente expandir o repertório dos estudantes (e o nosso). Um repertório bem trabalhado permite que os estudantes tenham uma caixa cheia de referências, preparando-os para o momento em que precisarão recorrer a elas. Nesse contexto, quanto maior e melhor a experiência que disponibilizamos aos estudantes, maior a interação das conexões entre os neurônios, para que eles se tornem eficientes no processamento de informações, influenciando a plasticidade cerebral, de forma a explorar esse aprendizado para a tomada de decisão e o desenvolvimento da confiança criativa.

Outro aspecto relevante é o fato de que a criatividade, por definição, depende da não conformidade. Para estimular a criatividade, os educadores precisam oferecer oportunidades para os estudantes pensarem de forma independente, a fim de apresentarem ideias e perspectivas originais. Ao explorar ideias fora dos modelos convencionais, os estudantes constroem confiança criativa. É preciso ter disposição para aprender novos conhecimentos em todos os lugares e em todos os momentos. Os estudantes precisam compreender a necessidade de manter uma atitude de curiosidade e de fazer perguntas o tempo todo, se possível. Por isso, ajudá-los a elaborar perguntas, aplicar diferentes estratégias e usar dinâmicas de ativação é altamente produtivo nesse processo.

Com o exercício da imaginação, é possível criar um número infinito de variações para descartar aquelas ideias que você considera inferiores ou limitadas. Isso faz as novas ideias estarem sempre em processo de gestação. Em outras palavras, as visões de mundo diferenciadas, subjetivas e alinhadas à singularidade dos estudantes e à qualidade das experiências e do repertório são utilizadas à medida que conexões não necessariamente óbvias são feitas. Essas práticas permitirão, mais tarde, que os estudantes reflitam, julguem e criem por si, sem esperar a permissão ou a opinião alheia. É por isso que, como profissionais da educação, precisamos criar condições para promover o exercício qualitativo das experiências dos estudantes, aumentando seu repertório.

Desenvolver a mentalidade criativa requer a prática do aperfeiçoamento contínuo, ou seja, estar em modo beta em *looping* para o desenvolvimento da flexibilidade cognitiva. É esta que permite o enfrentamento das mudanças aceleradas, com as quais temos sido constantemente desafiados a lidar por ocasionarem a necessidade de imaginar e criar soluções inovadoras por meio de uma dinâmica de trabalho cada vez mais ágil.

Esse exercício faz as instituições estimularem cada vez mais a experimentação: tentativas de sucesso que podem ou não dar certo, mas que devem ser frequentes. Portanto, o ato de errar é mais do que necessário. Quer uma dica? **Projetos simples são melhores para avaliar e evoluir**, então vale iniciar por um projeto enxuto e rápido e assumir um contrato de evolução.

O QUE É A MENTALIDADE CRIATIVA?

Em síntese, pessoas com mentalidade criativa geralmente apresentam um conjunto de comportamentos que definem seu *mindset* e designam uma forma de lidar com o mundo – a chamada atitude criativa. São eles:

- ✓ acreditam na própria criatividade;
- ✓ são curiosas;
- ✓ apresentam baixa censura;

- ✓ silenciam o crítico interno;
- ✓ toleram ambiguidade;
- ✓ persistem mesmo quando confrontadas com ceticismo ou rejeição;
- ✓ exploram a imaginação;
- ✓ têm um amplo repertório;
- ✓ abraçam a incerteza.

#Colecione experiências!

Carta do professor de Thomas Edison para sua mãe

Certo dia, Thomas Edison chegou em casa com um bilhete para sua mãe. Ele disse: "Meu professor me deu este papel para entregar apenas a você". Os olhos da mãe lacrimejavam ao ler a carta, e ela resolveu lê-la em voz alta para o filho: "Seu filho é um gênio. Esta escola é muito pequena para ele e não tem professores ao seu nível para treiná-lo. Por favor, ensine-o você mesma!". Depois de muitos anos, Thomas Edison veio a se tornar um dos maiores inventores do século. Após o falecimento de sua mãe, ele resolveu arrumar a casa e encontrou um papel dobrado no canto de uma gaveta. Ele pegou o papel e o abriu. Para sua surpresa, era a antiga carta que seu professor havia mandado, porém o conteúdo era outro: "Seu filho é confuso e tem problemas mentais. Não vamos mais deixá-lo frequentar esta escola!". Edison chorou durante horas e, então, escreveu em seu diário: "Thomas Edison era uma criança confusa, mas, graças a uma mãe heroína e dedicada, tornou-se o gênio do século" (CARTA..., [202-?], documento *on-line*).

Naquele momento, esse "menino" já tinha se tornado um dos maiores inventores da história, e, se não fosse sua mãe ignorando o que a escola havia dito e o encorajando a acreditar que era um gênio, ele não teria chegado aonde chegou.

Conclusão: trate seus estudantes (e seu time) como se eles fossem os mais corajosos, generosos, criativos e geniais do mundo, e eles nisso se tornarão, pois acreditarão em você! Perceba que a criatividade de Edison foi um dos fatores principais para ele chegar aonde chegou. Uma das suas grandes invenções foi a lâmpada incandescente, e existem várias outras invenções que você com certeza conhece graças a ele.

Tudo isso foi possível devido a dois grandes elementos que ele tinha no cérebro: a criatividade e a capacidade de inovar. Existem relatos de que foram mais de 10 mil tentativas até Edison chegar ao funcionamento perfeito da lâmpada. Já parou para pensar nisso? Estamos falando de tentar 10 mil vezes até alcançar um objetivo. É impossível medir o quanto isso teria alterado o rumo da história!

#Turbine sua prática criativa!

Que tal utilizar essa história para inspirar seus estudantes e fortalecer sua confiança criativa? Se você quiser ainda mais, acesse o QR Code a seguir e descubra uma estratégia de ativação incrível, intitulada "**Você é capaz de acender o LED?**". A estratégia pode ser aplicada depois da leitura do relato "Carta do professor de Thomas Edison para sua mãe" e inspirar um bate-papo interessante sobre confiança criativa.

3

Como desenvolver a mentalidade criativa

> Pensar de maneira criativa nos torna mais alegres e
> interessantes para nós mesmos e para os outros e
> mais vivos para a vida e suas possibilidades.
> *Baer e Kaufman*

Acredito que, a essa altura, você já deve ter concluído que a mentalidade criativa se refere ao **uso de habilidades sociais para encontrar novas soluções para os problemas** e, como qualquer outra habilidade, precisa de exercício constante para se manter ativa. Agora que você já sabe o propósito e o que é a mentalidade criativa, o próximo passo é saber como desenvolvê-la.

Desenvolver a mentalidade criativa é fundamental em qualquer área de atuação profissional por ser uma competência altamente valorizada no ambiente de trabalho e representar um diferencial para as empresas e as instituições que veem nela um capital ativo relevante, além de também ser primordial em diferentes situações da vida cotidiana.

Muitos estudantes consideram o pensamento criativo um grande desafio. Um dos motivos que explicam essa dificuldade está em nosso sistema educacional, que enfatiza fortemente o pensamento analítico em vez do pensamento criativo. Eles estão acostumados com a abordagem de "uma resposta certa" em um modelo educacional que raras vezes aborda a possibilidade de resolver problemas abertos com várias soluções potenciais.

Salman Khan, criador da Khan Academy – considerada a maior plataforma *on-line* de educação livre do mundo –, expõe que "[...] o velho modelo de sala de aula simplesmente não atende às nossas necessidades em transformação. É uma forma de aprendizagem essencialmente passiva, ao passo que o mundo requer um processamento de informação cada vez mais ativo" (KHAN, 2013, p. 9).

Corroborando esse pensamento, Ken Robinson (2019, p. 78) apontou que, por muitas vezes, o ensino escolarizado tem sido encarado como um processo de adestramento ou uma mera forma de "cortar asas" e barrar a criatividade. Porém, ainda de acordo com o autor, "[...] a criatividade não é apenas ter ideias não convencionais e deixar a imaginação correr livre. Pode até envolver tudo isso, mas também envolve refinar, testar e se concentrar no que está fazendo".

O problema é que, à medida que fazemos a transição da economia do "conhecimento" para a economia "criativa", estamos criando uma lacuna de criatividade cada vez maior, pois as pessoas estão cada vez menos preparadas para contribuir significativamente para os novos tipos de problemas sociais, econômicos e políticos. Nesse sentido, como qualquer competência, é possível trabalhar os processos e as conexões que desenvolvem a criatividade e nutrir a mentalidade criativa para que o cérebro elabore respostas e caminhos novos a partir de estímulos externos e experiências já cristalizadas nas instituições educativas. Como resultado, soluções criativas podem ser implementadas em todas as instâncias da vida individual e em sociedade. Afinal, a criatividade é uma *skill* (habilidade) fundamental para a resolução de problemas, a elaboração de alternativas, a comunicação de ideias e a percepção de situações variáveis e complexas.

Contudo, como o educador pode ser um **impulsionador de novas ideias**, promover o exercício da inovação e, de fato, nutrir a mentalidade criativa dos estudantes? A resposta começa com a construção de uma **mentalidade de crescimento em direção à criatividade**. Carol Dweck foi pioneira na teoria da mentalidade de crescimento, e seus estudos revolucionaram o modo como compreendemos o processo de aprendizagem. A autora considerou que o *mindset* é o modo como uma pessoa reage aos desafios e às situações da vida em seu cotidiano, ou melhor, é o modo como o cérebro elabora as coisas que realiza – a metacognição. Dweck (2017) constatou que, em geral, as pessoas têm dois tipos de *mindset*, o ***growth mindset*** e o ***fixed mindset***:

A **mentalidade de crescimento** é baseada na "crença de que você é capaz de cultivar suas qualidades básicas por meio de seus próprios esforços". [...] Embora as pessoas possam diferir-se umas das outras de muitas maneiras – em seus talentos e aptidões iniciais, interesses ou temperamentos –, cada um de nós é capaz de se modificar e se desenvolver por meio do esforço e da experiência. [...] A paixão pela busca de seu desenvolvimento e por prosseguir nesse caminho, mesmo (e especialmente) quando as coisas não vão bem, é o marco distintivo do *mindset* de crescimento. Esse é o *mindset* que permite às pessoas prosperar em alguns dos momentos mais desafiadores de suas vidas (DWECK, 2017, p. 12).

Já as pessoas que possuem o ***mindset* fixo** "[...] acreditam que suas qualidades são imutáveis, que já nascem sendo boas ou ruins em determinadas coisas". [...] As pessoas que adotam o *mindset* fixo me responderiam assim: "Eu me sentiria rejeitado", "Sou um fracasso total", "Sou um idiota", "Sou um perdedor", "Me sentiria inútil e tolo – todos os outros são melhores do que eu", "Sou um lixo". Em outras palavras, entenderam o que aconteceu como uma medida direta de sua competência e de seu valor (DWECK, 2017, p. 9).

Como você viu, existem dois tipos de mentalidades que se pode cultivar: a mentalidade de crescimento, que considera os problemas como verdadeiras oportunidades de aprendizagem, e a mentalidade fixa, que evita os problemas por receio de não conseguir superá-los. Na prática, ou a pessoa acredita que **não é inteligente o suficiente**, ou acredita que **ainda não sabe o suficiente**. Para desenvolver a mentalidade de crescimento direcionada à criatividade, é preciso enfatizar a mentalidade criativa, pois, além de aprender novas habilidades, o cérebro também aumenta suas potencialidades ao criar.

Jo Boaler (2020), em seu livro *Mente sem barreiras: as chaves para destravar seu potencial ilimitado de aprendizagem*, explica que, quando aprendemos alguma coisa, desenvolvemos o cérebro de três modos. Inicialmente, formamos uma nova rota. Essa rota geralmente é mais frágil. Quanto mais se aprende, mais forte ela fica, e assim chegamos ao segundo modo, uma rota mais fortalecida. Já no terceiro, temos a formação de uma conexão entre duas rotas antes desconectadas. Isso significa que todo mundo precisa desenvolver as rotas neurais e, portanto, aprender eternamente. Quanto mais nos esforçamos, melhores são o aprendizado e o crescimento cerebral.

A cada momento, nosso cérebro tem a oportunidade de fazer conexões, fortalecer rotas existentes e formar rotas novas. Quando nos deparamos com uma situação desafiadora, em vez de nos afastarmos por medo de não sermos bons o suficiente, devemos mergulhar, sabendo que a situação oferece possibilidade de crescimento cerebral (BOALER, 2020). A criatividade muitas vezes requer fazer conexões entre coisas não relacionadas ou olhar para o problema a partir de diferentes perspectivas, semelhante à mentalidade de crescimento, e quanto mais praticamos o pensamento criativo, mais nosso cérebro se desenvolve e aprende a melhorar.

PODER DOS ERROS E DAS DIFICULDADES

Todo erro é uma tentativa de acerto e deve ser compreendido como fonte de inspiração para novas tentativas. O problema é que a forma como se lida com o erro acaba fortalecendo o sentimento de impotência e fracasso dos estudantes e, com isso, consolidando a mentalidade fixa.

Os estudos de Boaler (2018) citam o trabalho do psicólogo Jason Moser, o qual apresentou os mecanismos neurais que operam no cérebro das pessoas quando estas cometem erros. Quando cometemos erros, o cérebro tem duas possíveis respostas. A primeira, chamada de negatividade relacionada ao erro (NRE), é o aumento da atividade elétrica quando o cérebro experimenta o conflito entre a resposta correta e um erro. O interessante é que essa atividade cerebral ocorre quer a pessoa saiba que cometeu um erro, quer não. A segunda resposta é chamada de Pe, um sinal cerebral que reflete atenção consciente a erros. Isso acontece quando existe consciência de que um erro foi cometido e uma atenção consciente é dada a ele (BOALER, 2018).

Isso quer dizer que os erros causam disparos no cérebro e fazem o estudante aprender mais, ou seja, quando o cérebro é desafiado, ele cresce, conforme ilustra a Figura 3.1. A primeira representação se trata da mentalidade fixa; na sequência, está a mentalidade de crescimento.

Mais surpreendente ainda é que esses mesmos estudos citados por Boaler (2018) apontam que os estudantes com a mentalidade fixa manifestavam um menor número de reações do cérebro do que os estudantes com a mentalidade de crescimento. A mentalidade de crescimento se iluminava muito mais quando era submetida ao erro. O fato é que o cérebro reage com maior atividade quando cometemos um erro, motivo pelo qual o papel do psicopedagogo é importante nesse processo.

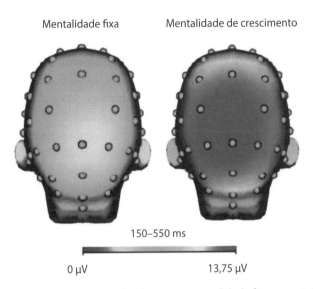

Figura 3.1 Diferença cerebral em indivíduos com mentalidade fixa e mentalidade de crescimento. Para ver esta imagem colorida, acesse: https://paginas.grupoa.com.br/Mentalidade_criativa/figura-3-1
Fonte: Boaler (2018, p. 12).

O fato de alguém errar é natural; no entanto, o erro, ou sua compreensão, não pode ser algo banalizado. O que se quer dizer com isso é que o erro possibilita ao profissional chamar a atenção consciente para o que está sendo aprendido como parte do processo, pois, quando se comete erros, o cérebro dispara e, assim, cresce, ampliando suas possibilidades.

Esse estudo (BOALER, 2018) evidencia a relevância das escolhas que os professores fazem em relação às atividades pedagógicas que são atribuídas aos estudantes. Quando é apresentado apenas um conjunto de exercícios tradicionais, em que o único caminho é errar ou acertar, perde-se muito a capacidade de estimular o crescimento cerebral, ou seja, de ampliar a capacidade cognitiva do estudante. Quando ele inicia a resolução de um problema ou busca criar algo, é natural tentar desistir diante das dificuldades que encontra; por isso, é importante expor que quanto mais difícil for uma atividade ou quanto maior o empenho e o esforço que o estudante tenha que dedicar a algo, melhor ele se sairá naquele tópico.

Temos uma tendência a imaginar que as ideias incríveis surgirão "do nada", de um momento "eureka"! Você se lembra daquela história do Arquimedes? Ele estava tomando banho em uma banheira quando, de repente, chegou à resposta de uma solução e saiu gritando "Eureka! Eureka!". É importante saber que o mito de que a criatividade depende totalmente de uma fonte mística de inspiração deve ser quebrado. Embora valha a pena considerar que um momento de iluminação pode acontecer, este é resultante de um processo de geração de ideias. David Burkus (2021, p. 34) afirma que "[...] o momento 'eureka' não acontece ao acaso; ele é precedido de pesquisa e preparação". Isso mesmo!

É por isso que esse processo pode ser facilitado por meio do uso de **estratégias de ativação do potencial criativo** (Fig. 3.2), as quais auxiliarão no estabelecimento de modelos mentais mais assertivos por fornecer justamente a estrutura essencial para gerar novas ideias e, como impacto, transformar os estudantes em criadores confiantes. Mas o que são as estratégias de ativação?

As estratégias de ativação são experiências intencionalmente planejadas com foco na intensificação do desenvolvimento e na melhoria contínua das habilidades essencialmente humanas em um determinado contexto. Elas criarão condições para fazer os estudantes acolherem as incertezas e deixarem de fingir que "sabem tudo" ou que "não sabem nada"; em vez disso, eles buscarão recursos para aprender mais, abrindo-se a um modo diferente de estar no mundo.

> Professores excelentes entendem que não é suficiente conhecer suas disciplinas. Seu trabalho não é ensinar conteúdos; é ensinar alunos. Eles precisam motivar, inspirar e entusiasmar os alunos, criando condições para que eles estejam dispostos a aprender [...] Grandes professores fazem isso por meio de vários métodos.
>
> *Ken Robinson*

Figura 3.2 Significado de ativação.

O domínio de técnicas, métodos e recursos é o maior ativo dos professores da contemporaneidade, e as estratégias de ativação utilizadas em conjunto serão capazes de promover a inspiração, a confiança e a criatividade dos estudantes, respeitando suas singularidades e agregando novas experiências ao seu repertório. Por isso, como docentes, é preciso criar condições para que os estudantes percebam que os erros fazem parte da vida e são valiosos para o crescimento de sua capacidade cognitiva. Quando os conhecimentos são apresentados de forma aberta e criativa e os erros são encorajados, coisas incríveis acontecem. Além disso, é importante que o profissional demonstre claramente que acredita em seus estudantes.

Para quem vive nos modelos do passado, a dúvida paralisa, mas, para quem está na realidade exponencial, a dúvida acelera. Assim, as estratégias de ativação foram categorizadas em quatro pilares de implementação que, se exercitados continuamente e de forma integrada, criarão um ambiente favorável ao desenvolvimento do potencial criativo dos estudantes. São eles:

1. resolução criativa de problemas;
2. acolhimento, estabelecimento de vínculos e valorização das singularidades;
3. construção de habilidades para o trabalho em grupo;
4. planejamento, estabelecimento de metas e produtividade.

Os pilares de implementação estão vinculados ao conjunto de habilidades e atitudes que, integradas e interconectadas, são capazes de desenvolver uma mentalidade criativa.

Habilidade 1: identificar um problema ou uma oportunidade

Sabemos que os problemas ocorrem de modo recorrente, independentemente do momento ou do lugar. A questão é como encará-los e finalmente resolvê-los. Fomos habituados a perceber os problemas como males a serem eliminados rapidamente, e não como oportunidades. O fato é que o próprio problema já traz consigo a solução. Basta estarmos abertos e seguirmos os próximos passos...

O pilar **resolução criativa de problemas** busca desenvolver o modelo mental para que os estudantes estejam atentos a identificar problemas e oportunidades, a fim de serem mais assertivos na proposta de resolução criativa de um problema. É preciso considerar que a matéria-prima da criatividade são os problemas. Quando buscamos soluções criativas, abrimo-nos para infinitas possibilidades, isto é, percorremos situações diferentes para resolver problemas que afetam o trabalho ou a vida pessoal e nos impedem de alcançar os resultados desejados.

A resolução criativa de problemas é o processo mental de busca por uma solução original, inovadora e independente para uma questão. Nesse sentido, a criatividade latente dentro das pessoas é amplificada, de forma a desenvolverem pensamentos não convencionais. O processo começa pela definição exata do problema, passa pela diferenciação dos problemas simples dos complexos e chega à implementação da solução. Acredito que o mais relevante no processo de identificação de um problema ou de uma oportunidade seja a multidimensionalidade, isto é, as múltiplas formas de ver ou resolver um problema.

As estratégias de ativação com foco na resolução criativa de problemas servem para vários fins, como educar, integrar, ampliar a percepção sobre alguma situação e, obviamente, favorecer o desenvolvimento de uma mentalidade capaz de olhar para a resolução de problemas, de modo que auxilie na compreensão, no mapeamento e, consequentemente, nas possíveis propostas de solução a partir da multidimensionalidade.

Habilidade 2: movimentar e explorar a imaginação

Para que as ideias ocorram com maior naturalidade, é preciso um ambiente de fluidez. Não estou falando de um local colorido, divertido, cheio de *puffs* e informalidade, ainda que isso estimule a inconvencionalidade. Para movimentar e explorar a imaginação, as pessoas terão de acionar o próprio repertório e compartilhar suas ideias e percepções.

Nesse processo, é natural que as primeiras ideias sejam incipientes, não refinadas e facilmente descartáveis. Chamamos elas de "insumo bruto". Os insumos mais brutos são a base para a geração e o amadurecimento de novos *insights*, além de serem essenciais no processo criativo. No entanto, para que sejamos capazes de compartilhar essas ideias para gerar o insumo bruto, será essencial nos sentirmos acolhidos e conectados ao grupo, visto que as singularidades serão expostas.

Nesse sentido, o pilar **acolhimento, estabelecimento de vínculos e valorização das singularidades** visa desenvolver comportamentos que demonstrem a capacidade de se sentir aceito, ouvido, reconhecido pela própria singularidade e participante do grupo por meio do compartilhamento de contribuições e da interação entre os pares, um pilar altamente impactante no processo de criatividade. Um ambiente acolhedor, com baixa censura, exercício livre de geração de ideias e ausência de julgamento é um grande impulsionador no desenvolvimento da mentalidade criativa, pois a criatividade tem a ver com **empatia** e **colaboração** e exige **escuta ativa** e **olhar profundo** em relação ao outro.

Parte da razão pela qual os estudantes desistem de tentar aprender e promover soluções mais criativas é acharem o processo difícil e pensarem que estão sozinhos nesse esforço. Quando trabalham juntos, eles têm a oportunidade de se conectar com os outros. Conectando-se com as ideias dos outros, por sua vez, desenvolvem um nível mais alto de compreensão.

Outro aspecto valioso no que tange ao acolhimento, ao estabelecimento de vínculos e à valorização das singularidades é que as pessoas são muito mais motivadas pelos estímulos positivos do que pelos estímulos negativos. A positividade é inspiradora e motivadora e, portanto, deve influenciar a forma como ensinamos e conduzimos as relações nos grupos que estamos liderando. Em relação a esse tema, vale ter clareza de que a positividade, particularmente em ambientes de aprendizado, é muitas vezes mal compreendida.

Um equívoco cometido de forma recorrente é a suposição de que um elogio é a mesma coisa que uma postura positiva. Veja, **elogiar** é dizer a alguém que algo bom foi feito; já a **positividade** é a entrega de informações que os estudantes precisam de uma maneira que motive, inspire e comunique a crença em sua capacidade. Isso é importante porque os professores geralmente são instruídos a usar uma diversidade de elogios.

Uma vez participei de um treinamento em que o facilitador dizia que, para cada crítica realizada, era necessário haver pelo menos cinco vezes mais *feedbacks* positivos. No entanto, dizer a alguém que tudo está indo bem repetidamente também pode gerar o efeito contrário. Acreditar que você deve misturar críticas e elogios pressupõe que os estudantes são frágeis e não podem receber *feedbacks* realmente construtivos. A maioria dos estudantes quer efetivamente entender como melhorar, e isso supõe confiança. Desse modo, muitas vezes o segredo não é elogiar com maior frequência. Em vez disso, busque fornecer uma variedade de *feedbacks* e orientações úteis e honestas que incluam elogios e retornos críticos ou corretivos, mas o faça de forma positiva, de maneira a motivar os alunos.

Usar estratégias de ativação com foco no acolhimento, no estabelecimento de vínculos e na valorização das singularidades corrobora o desenvolvimento de habilidades para o trabalho em grupo e a criação de comunidades de aprendizagem, gerando motivação. Quando motivados e movidos pelo prazer de realizar determinada tarefa, os estudantes se tornam propensos a responder de modo criativo. Por isso, as estratégias de ativação são alternativas altamente eficazes do ponto de vista relacional e emocional. Desafios são constantes, e é preciso lidar com eles de modo colaborativo para saber encará-los.

Habilidade 3: direcionar a mente por meio de novas conexões e interações para ampliação do repertório

A criatividade é importante para a inovação em vários sentidos. Inicialmente, pelo fato de que qualquer instituição ou negócio precisa oferecer mais do que se espera; somente por meio de um posicionamento diferenciado é possível se adaptar às novas necessidades, modificar e melhorar produtos e serviços e fugir do convencional. No entanto, para inovar de maneira criativa, também é essencial mudar pensamentos.

Vale considerar que ser criativo é um processo essencialmente social que exige o compartilhamento e a somatização de ideias, por isso a relevância de saber trabalhar em grupo. O pilar **construção de habilidades para o trabalho em grupo** cria condições para o desenvolvimento de um comportamento colaborativo e conectado. As estratégias de ativação desse pilar possibilitam condições favoráveis para o debate, a discussão e a tomada de decisão de forma coletiva.

Mesmo depois de quase três décadas neste novo século, trabalhar com competências e habilidades socioemocionais ainda é um grande desafio para professores e gestores. Uma ótima estratégia é proporcionar aos estudantes oportunidades de trabalharem em grupo. Todavia, quando se fala de trabalho em grupo, muitas dúvidas e preocupações surgem na cabeça dos professores.

As estratégias de ativação com foco no desenvolvimento de habilidades para o trabalho em grupo são dinâmicas e diferentes abordagens que criam condições favoráveis para o debate, a discussão, a resolução criativa de problemas e a tomada de decisão de forma coletiva por meio da qualificação da relação e da criação de conectividade no grupo. Integrar pessoas com ideias, repertórios e experiências diferentes com o intuito de construir algo em conjunto é uma excelente maneira de motivar os estudantes, que podem aprender com a troca de experiências com seus colegas e refletir sobre o que está sendo ensinado em sala de aula, no trabalho ou em outros contextos de aprendizagem.

Elisabeth G. Cohen e Rachel A. Lotan (2017, p. 1), professoras da Stanford University e estudiosas contemporâneas do trabalho em grupo, afirmam que:

> O trabalho em grupo é uma técnica eficaz para atingir certos tipos de objetivos de aprendizagem intelectual e social. É excelente para o aprendizado conceitual, para a resolução criativa de problemas e para o desenvolvimento de proficiência em linguagem acadêmica. Socialmente, melhora as relações intergrupais, aumentando a confiança e a cordialidade. Ensina habilidades para atuar em equipe que podem ser transferidas para muitas situações, sejam escolares ou da vida adulta.

Para ajudar os estudantes a trabalhar em grupo e a aprender a ter uma boa convivência durante a aplicação da estratégia de ativação, o professor deverá inseri-los em situações que tenham que lidar com diversos elementos, como apresentado na Figura 3.3.

O trabalho em grupo deve ser compreendido como uma situação na qual os estudantes trabalham juntos, de modo que todos participem de uma atividade com tarefas claramente atribuídas. Para chegar nesse objetivo, faz-se necessário prepará-los para isso, e não há outra forma senão a própria prática do trabalho em grupo. Dessa forma, é preciso elaborar desafios, situações-problema e outras atividades que possibilitem esse exercício. Um dos pontos importantes no trabalho em grupo é o fato de este desenvolver autonomia no estudante. Para desenvolvê-la, é fundamental que se delegue autoridade aos participantes do grupo. Para Cohen e Lotan (2017, p. 2), ao propor o trabalho em grupo, o facilitador:

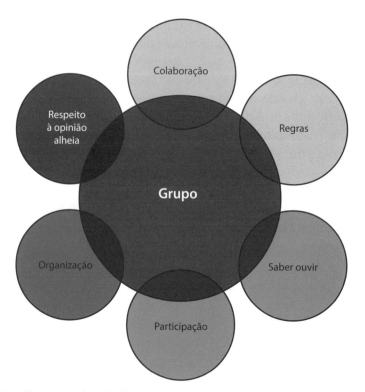

Figura 3.3 Elementos do trabalho em grupo.

[...] permite que eles se esforcem sozinhos e cometam erros, ela delega autoridade. Essa é a primeira característica-chave do trabalho em grupo. Delegar autoridade em uma atividade é fazer com que os alunos sejam responsáveis por partes específicas de seu trabalho; os alunos estarão livres para cumprir suas tarefas da maneira que decidirem ser a melhor, mas ainda são responsabilizados pela entrega do produto final à professora.

Destaca-se que delegar autoridade não significa a falta de controle ou de supervisão profissional, visto que é viável manter a gestão e a organização do grupo por meio de avaliação do produto gerado, bem como do processo pelo qual os estudantes passaram para chegar àquele objetivo ou àquele produto. Além disso, pode-se, ainda, acompanhar a responsabilização dos membros do grupo por meio de relatórios curtos, escritos individualmente após o trabalho. É importante considerar que a delegação de autoridade é bem diferente de uma prática mais comumente utilizada, a supervisão direta. O profissional que exerce a supervisão direta diz para os estudantes qual é a tarefa e como realizá-la e os monitora de perto para prevenir que cometam erros e para corrigi-los imediatamente.

Para Cohen e Lotan (2017), o trabalho em grupo é também uma estratégia de intervenção para enfrentar problemas comuns na condução da sala de aula, como manter os alunos envolvidos em suas atividades e tornar as tarefas de aprendizagem mais acessíveis a um número maior de alunos, sobretudo em grupos com maior diversidade de competências acadêmicas e proficiência linguística. Isso quer dizer que aprender a trabalhar em grupo de forma produtiva aumenta e aprofunda a aprendizagem do estudante e ainda desenvolve sua linguagem e sua capacidade argumentativa e comunicativa.

Para o desenvolvimento da mentalidade criativa, é fundamental utilizar o trabalho em grupo como uma estratégia de ativação quando se espera desenvolver a construção de novas regras e de concepções coletivas e o entendimento de como atuar de forma produtiva em situações de grupo. Essas regras e habilidades são mais bem ensinadas por meio de jogos e exercícios.

A valorização da experiência com pessoas diferentes, tendo a oportunidade de conviver com o modo como cada um vê ou interage a fim de atingir um objetivo comum, é uma questão primordial para uma proposta pedagógica inovadora na contemporaneidade. Vale destacar a possibilidade de o professor definir quem serão os componentes do grupo. Em alguns momentos, os próprios estudantes podem se organizar por afinidades ou interesses; em outros, deve-se planejar também os agrupamentos, pois eles podem ajudar no direcionamento do trabalho em prol do objetivo. São os chamados **agrupamentos produtivos**.

Para criar agrupamentos produtivos, é preciso compreender o ciclo de vida dos grupos. Geralmente, a forma como um grupo se reúne pode ser demonstrada em cinco etapas:

1. **formação:** é o momento em que ocorre a união e a integração de um conjunto de pessoas;
2. **agitação:** é a fase em que se iniciam os trabalhos e os membros do grupo procuram outros membros com ideias semelhantes. Como isso nem sempre ocorre, podem surgir conflitos entre diferentes subgrupos;

3. **normatização:** com a agitação mais controlada, os membros passam a investir no grupo como um todo, com foco no objetivo comum;
4. **execução:** os membros do grupo começam a realmente funcionar como uma unidade, contribuindo para a realização da tarefa dentro dos padrões definidos nas etapas anteriores;
5. **encerramento:** se o grupo se formou para atingir um objetivo específico, ele se dissolverá após a conclusão da tarefa e de qualquer avaliação necessária.

Deixar claro como ocorre esse ciclo para os próprios estudantes pode fornecer perspectiva a todos os membros do grupo à medida que avançam no processo. Um grupo conectado pelo mesmo propósito centra sua energia na solução dos problemas, e não necessariamente em "quem originou a ideia". As estratégias de ativação ajudarão os participantes a trabalhar em equipe.

Destaco que o trabalho em grupo é uma técnica eficaz para atingir certos tipos de objetivos de **aprendizagem intelectual e social**, além de ser excelente para o aprendizado conceitual, para a **resolução criativa de problemas** e para o desenvolvimento de proficiência em linguagem acadêmica. Socialmente, melhora as relações intergrupais, **aumentando a confiança e a cordialidade**, e ensina habilidades para atuar em equipe que podem ser transferidas para muitas situações da vida escolar, profissional e cotidiana.

Habilidade 4: impulsionar e materializar o desempenho criativo para geração de valor

Conectar com as pessoas e as ideias expande as rotas neurais e, consequentemente, o desenvolvimento ilimitado da criatividade; no entanto, de que adianta identificar o problema, gerar ideias e estabelecer conexões colaborativas, mas não ser capaz de transformá-los em realidade ou mesmo não gerar valor?

Para performarmos, ou seja, materializar as ideias geradas, é preciso produtividade. Vale lembrar que ser produtivo não significa necessariamente ter a capacidade de realizar muitas tarefas ao mesmo tempo. É, na verdade, realizá-las de modo assertivo, com a maior qualidade possível e com o uso eficiente dos recursos disponíveis. Justamente nesse sentido, desenvolver uma mentalidade criativa e resolutiva pode fazer toda a diferença. Quando desenvolvemos nossa criatividade, é possível combinar ideias e soluções que abram portas para inovações.

Não importa a dimensão do problema: sempre precisamos estabelecer metas, enfrentar os desafios e lutar para superá-los. Por isso, o último pilar, **planejamento, estabelecimento de metas e produtividade**, é fundamental para desenvolver a mentalidade criativa e de fato gerar valor para o mundo. Quando há objetivos definidos, o planejamento e o estabelecimento de metas aumentam a produtividade por ajudar a manter o foco nas tarefas. Entretanto, o que isso tem a ver com a criatividade?

As estratégias de ativação do pilar planejamento, estabelecimento de metas e produtividade fomentam a clareza dos objetivos como fator motivacional e impulsionador do desempenho criativo. Quando o propósito está claro, as ações dos processos criativos são mobilizadas pelo amor pela tarefa, focalizando muito mais sua atenção e a energia no trabalho em si do que em possíveis prêmios ou no reconhecimento por sua realização.

Como professora e gestora, tenho a clareza de que ensinar é um trabalho difícil por estar sob condições complexas e frequentemente desafiadoras. Obviamente, seria impossível sempre fazer "tudo certo", ou seja, realizar tudo conforme as melhores prescrições sobre o que se espera para um excelente planejamento docente. No entanto, as estratégias de ativação listadas neste livro não possibilitam apenas a transposição, mas a adaptação, a geração de *insights*, a articulação com o conhecimento e a criação de novas possibilidades a partir de uma visão clara e de um propósito sólido.

Para facilitar a tomada de decisão, confira o material complementar no QR Code a seguir.

Investir no processo criativo permite se antecipar às tendências, favorece a coragem e a ousadia, facilita a comunicação, fomenta a diversidade e cria condições para a superação de limites e de desafios impostos. Afinal, criar, desenvolver ou melhorar os produtos e os serviços por meio de experiências que geram valor é o que consolida a carreira de um profissional.

Para que se consiga de fato desenvolver a mentalidade criativa, será preciso acreditar nas seguintes premissas:

- todos nós podemos ser criativos;
- a criatividade é uma habilidade que pode ser desenvolvida;
- a criatividade precisa estar presente no processo de ensino-aprendizagem.

Como profissionais da educação, é fundamental compreender os processos e as estratégias pedagógicas próprias da criatividade para, assim, poder levá-los para a sala de aula e, certamente, estar aberto a desenvolver a própria criatividade. Vale saber que a criatividade é gerada em ambientes considerados seguros, divertidos, estimulantes, emocionantes, inspiradores, reflexivos, divergentes e acolhedores por meio do desenvolvimento dos processos de pensamento e da facilitação da cooperação e do compartilhamento sempre que necessário.

COMO DESENVOLVER A MENTALIDADE CRIATIVA

- ✓ com base nos objetivos de aprendizagem, defina o pilar com o qual se pretende trabalhar;
- ✓ com a habilidade definida, selecione e aplique uma das estratégias de ativação;
- ✓ observe e avalie os estudantes durante a execução da atividade;
- ✓ registre as habilidades em que os estudantes precisam continuar avançando e, a partir desse ponto, inicie o processo novamente.

#Colecione experiências!

Antes de começar a desenvolver a mentalidade criativa, é preciso sensibilizar professores e estudantes, isto é, dar visibilidade para essa necessidade. Uma das maneiras de fazer isso é solicitar que ambos se autoavaliem em relação à própria mentalidade criativa por meio de uma atividade diagnóstica.

Destaco que o **observador da prática docente**, tendo em vista o desenvolvimento da mentalidade criativa, foi adaptado a partir de um recurso muito conhecido na área, o *coaching* chamado "roda da vida", que consiste em um diagrama em formato circular dividido em partes que indicam os conhecimentos e as atitudes a serem avaliadas pelo indivíduo.

Para utilizar o observador da prática docente, é muito simples: com o **diagrama circular** e os **critérios de avaliação**, você deverá avaliar seu nível de conhecimento, a apropriação ou a aplicação de um determinado tema ou de uma determinada ação utilizando uma escala de 0 a 10; em outras palavras, você deverá atribuir uma nota a cada um dos elementos destacados como essenciais, assinalando com canetinhas coloridas a posição do raio correspondente.

Ao usar a roda da mentalidade criativa, deve-se perguntar, por exemplo:

Em uma escala de 0 a 10, que nota eu atribuo para _____?

Trata-se de uma excelente ferramenta para se autoavaliar e partir dos resultados para estabelecer um plano de ação a fim de desenvolver as competências essenciais para a autoconscientização sobre o desenvolvimento do potencial criativo. Baixe o arquivo por meio do QR Code a seguir e se autoavalie!

#Turbine sua prática criativa!

Será que sua instituição de ensino divide as pessoas entre criativas e práticas?

Para turbinar sua prática criativa, convido-lhe para assistir ao TED Talk do empresário, engenheiro, *designer* e professor David Kelley (2012). Segundo Kelley (2012), qualquer pessoa apresenta uma criatividade natural. O fato de que alguns de nós não se consideram criativos provavelmente é resultado de impressões equivocadas marcadas por professores, pais ou colegas ao longo da vida, sobretudo na infância. No vídeo disponível em https://www.youtube.com/watch?v=16p9YRF0l-g, você pode acompanhar o passo a passo para que todos encontrem sua confiança criativa.

Se você puder, assista ao vídeo após a aplicação do **observador da prática docente**. Certamente, a percepção da maioria das pessoas sobre o modo como se organiza a experiência dos estudantes é bem baixa, tendo em vista o desenvolvimento da mentalidade criativa. O debate e a reflexão sobre o conteúdo do vídeo após a aplicação do diagnóstico poderão encorajar os estudantes ou os professores a realmente compreender a necessidade de desenvolver a confiança criativa como elemento essencial da construção da mentalidade.

4

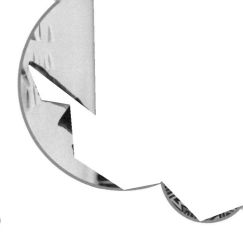

Estratégias de ativação do potencial criativo

> Por que razão a criatividade importa? Porque ser criativo é parte do que significa ser humano. [...] As raízes da criatividade humana estão em nosso poder único de imaginar, na capacidade de trazer à mente coisas que não estão presentes para os nossos sentidos. A criatividade é um passo além da imaginação: é pôr sua imaginação para funcionar.
>
> *Ken Robinson*

Imagine que você está realizando seu planejamento e se preparando adequadamente, mas percebe que não tem mais ideias para criar uma experiência de aprendizagem interativa capaz de ativar o potencial criativo dos estudantes. Chega o dia de aplicar sua atividade, mas os participantes estão desanimados; ninguém responde muito ou interage. Você precisava de uma turma engajada com o conteúdo ou o tema trabalhado, mas ninguém presta muita atenção, e parece que os estudantes só estão esperando o tempo passar... Você já viveu essa situação? Ela desanima qualquer um.

Desenvolver o potencial criativo dos estudantes requer uma prática docente capaz de fomentar esse **modo de pensar**; no entanto, ninguém desenvolve no outro aquilo que não é desenvolvido em si. Então, como esperar professores criativos se estes desconhecem as técnicas e os recursos diferenciados para desenvolver a criatividade? Ou mesmo como tornar a aprendizagem (ou uma reunião de trabalho) mais interessante, divertida e mobilizadora? Pergunta-se, ainda: por que alguns professores conseguem implementar suas ideias, mas outros não? Seria o receio de se expor, o medo da opinião do grupo social e de dar muito trabalho ou mesmo o desconhecimento que acaba acomodando os profissionais?

Nota-se uma postura de muita "passividade e conformidade" nos estudantes em detrimento daqueles que são questionadores, independentes e intuitivos, de maneira a apontar que comportamentos que caracterizam o sujeito criativo não são valorizados na sala de aula, sendo, na maior parte das vezes, indesejados ou até punidos. Quero deixar claro que seria simplismo da minha parte atribuir a responsabilidade pela desvalorização da criatividade ao professor. Ele próprio vem de um sistema educacional em que também teve sua criatividade reprimida, além de os processos de formação docente tenderem, na maior parte das vezes, a preparar esse profissional para lidar com o "aluno padrão", o "aluno obediente" e o "aluno passivo".

Dessa maneira, é natural compreendermos as dificuldades do professor ao se deparar com estudantes bastante criativos ou ao se conscientizar de suas próprias barreiras, que impedem a expressão de sua criatividade. Ainda que não se pretenda esgotar essas indagações, acredito que essas perguntas sejam relevantes para reflexão e devam permear o exercício da profissionalidade docente atualmente.

Para desenvolver uma mentalidade criativa, é preciso, acima de tudo, conhecimento, determinação e estratégia. Com as estratégias adequadas, certamente será ativado todo o potencial dos estudantes. Contudo, o que é uma estratégia afinal?

Estratégia é uma palavra de origem grega, *strategia*, um vocábulo com *stratos*, que significa multidão, e *agos*, com sentido de liderança. Por isso, a estratégia tem relação com a capacidade de liderar um grupo de pessoas para um objetivo comum. Inicialmente, a palavra foi associada às estratégias de guerra, evoluindo para um entendimento da ciência do método de fazer ou conduzir algo, alguém ou um grupo de pessoas. Relacionando com a educação, a estratégia é um método para conduzir um processo educativo, envolvendo os participantes em um objetivo comum, como a resolução de um problema (TOMELIN, 2021).

Nesse contexto, as **estratégias de ativação** são experiências intencionalmente planejadas com foco na intensificação do desenvolvimento e na melhoria contínua das habilidades essencialmente humanas em uma determinada conjuntura. São essenciais para qualquer docente, visto que consistem em qualquer prática ou exercício que ajude os estudantes a resgatarem um conhecimento que está na **memória de longo prazo** e acioná-lo para uso na chamada **memória de trabalho**.

As estratégias de ativação estão relacionadas ao exercício mental de recuperação, visto que auxiliam a resgatar os conhecimentos, ou pelo menos parte dele, por meio de uma retomada. Na prática, o esforço de pensar sobre o que sabem ou não, a partir de um determinado assunto, aciona o repertório existente, facilitando a conexão e a apropriação com novos aprendizados.

Um dos meus principais objetivos ao escrever este livro foi apresentar algo simples e poderoso que auxilie na ativação do potencial criativo dos estudantes; portanto, tenha em mente que os conhecimentos precisam ajudar a gerar engajamento. Estar engajado é estar envolvido, ocupado e interessado em alguma coisa.

> A capacidade de engajar-se pode ser gerada por meio do nível da presença cognitiva, emocional e relacional do estudante em sua experiência de aprendizagem.
> *Thuinie Daros*

Acredito que as estratégias de ativação ajudem a gerar não somente o engajamento, ou seja, apresentar um comportamento envolvido, ocupado e totalmente absorto em algo (ou seja, mantendo a atenção), mas também o aumento do desempenho positivo no aprendizado do estudante.

Para ativar o potencial dos estudantes e desenvolver a mentalidade criativa, você não precisará perder mais horas de planejamento em busca de melhores estratégias, visto que o modo como elas foram organizadas neste livro permite a aplicação imediata. Durante a leitura, você perceberá a padronização e a uniformização na apresentação de cada estratégia de ativação, com o intuito de torná-las didáticas e de fácil e rápida aplicação por meio do estabelecimento de elementos de composição importantes, tornando o processo mais didático e intuitivo. Os elementos que compõem as estratégias são descritos a seguir.

Nome da estratégia de ativação. Cada estratégia apresenta um nome diferente, que você perceberá logo no início da descrição da aplicação. Geralmente, o nome atribuído está ligado ao estado reflexivo que se pretende gerar.

Contexto de aplicação. O contexto de aplicação se trata dos espaços e dos locais possíveis para implementação da estratégia. Nesse elemento, você poderá identificar se a dinâmica indicada poderá ser aplicada no modelo presencial, *on-line* ou híbrido.

Tempo de duração. Nesse elemento, você terá ideia do tempo médio de aplicação de cada estratégia; todavia, é importante destacar que a forma como o facilitador aplicará a estratégia impactará diretamente o tempo da atividade. O ideal é manter o tempo indicado para que a aplicação não fique curta ou longa demais. Lembre-se de que as estratégias de ativação servem para "ativar"; portanto, a maioria é de curto tempo de aplicação, de modo que sejam inseridas em uma aula ou uma atividade com o conteúdo previsto no planejamento das atividades pedagógicas.

Nível ou segmento indicado. Por se tratar de um material produzido para profissionais da educação, o nível ou o segmento indicado levará em consideração a faixa etária dos estudantes, conforme representação:

- Anos iniciais do ensino fundamental – 5 a 9 anos
- Anos finais do ensino fundamental – 10 a 14 anos
- Ensino médio – 15 a 17 anos
- Educação superior – Livre
- Formação docente – Livre
- Ambiente corporativo – Livre

Embora seja indicado um nível ou um segmento com base na faixa etária, destaca-se que cabe ao professor decidir qual é o melhor grupo para aplicação das dinâmicas, visto que elas podem depender das experiências e da maturidade da turma. Além disso, as estratégias apresentadas não precisam ser necessariamente aplicadas somente no âmbito escolar. A maioria delas se aplica a ambientes corporativos, formações de cunho religioso, entre outros, cabendo a adaptação para cada um dos contextos mencionados.

Materiais. Esse item apresenta ferramentas e recursos indicados para aplicação de cada uma das estratégias. Aqui, você encontrará indicações de instrumentos diversos, como material de papelaria ou mesmo algum *software* ou aplicativo. No entanto, sugere-se a verificação da viabilidade de uso que melhor se enquadre em sua área de conhecimento e no perfil de seu grupo de estudantes, retirando, adicionando ou adaptando materiais por meio de uma combinatividade que ampliará seu repertório de possibilidades.

Objetivo. Toda prática bem-sucedida é definida pela capacidade de atingir o objetivo previamente estabelecido. Isso significa que, nesse elemento, será apresentado o resultado que se espera ou o que se pretende desenvolver com a aplicação da estratégia.

Momento UAU. A expressão "uau" se refere ao que normalmente dizemos quando somos positivamente impactados por alguma experiência incrível e completamente inesperada.

Partindo do princípio de que o "momento UAU" é uma estratégia de encantamento ocasionada por uma experiência intencionalmente planejada, nesse elemento, você saberá exatamente como poderá aplicar cada uma das estratégias apresentadas por meio de uma sequência didática com o passo a passo de aplicação.

A descrição apresentada se trata da forma como utilizei as estratégias a partir das especificidades dos estudantes e dos professores que fazem parte da minha realidade, portanto, fique à vontade para modificar, adaptar ou mesmo integrar novos elementos com base em sua realidade pedagógica.

Reflexão sobre a experiência. Como afirmou John Dewey (1976, p. 92), "[...] nós não aprendemos pela experiência. Nós aprendemos refletindo a partir da experiência". Nesse sentido, destaco um ponto de muita atenção: não é a estratégia em si que irá desenvolver a mentalidade criativa, mas o modo como se refletirá sobre a experiência junto com os estudantes.

A estratégia de ativação como habilitadora do processo precisa ser contemplada para a consolidação do aprendizado. Pense nisso como uma ponte: é um modo rápido e fácil de chegar do outro lado, mas, como em toda ponte, você ainda precisará caminhar por ela...

O elemento "reflexão sobre a experiência" é o mais relevante. Diria até que é o ponto mais alto da atividade; portanto, seu sucesso não depende somente do modo como o professor ou o facilitador aplica a estratégia, mas como ele conduz o momento de reflexão logo após a aplicação.

Além disso, é fundamental ter em mente que o professor ou o facilitador terá a responsabilidade de definir os contextos e os conhecimentos abordados em cada uma das estratégias, que podem ser de fato um elemento de ativação do potencial criativo, gerando valor para a experiência, e não algo aleatório ou mesmo "solto" em uma atividade pedagógica.

Nessa fase da atividade, será fundamental auxiliar os estudantes a pensar sobre suas emoções, descobrir suas causas e, assim, mobilizar seu pensamento. Caso necessite, use perguntas do tipo "O que você acha?", "O que você quer dizer?" ou "O que aconteceu de fato?". Evite fazer questões fechadas ou que suponham um dilema, como "Você está triste ou aconteceu algo?". Outra questão que pode ajudar na facilitação é a escolha de perguntas que explorem a imaginação, por exemplo, "Suponha que...", "Como seria se..." ou "Como seria diferente se...".

Para refletir sobre a experiência de modo assertivo, será necessário assumir as seguintes atitudes:

1. **Comunique-se de modo claro e objetivo.** Ao se comunicar, o objetivo, as expectativas e o que se espera com a aplicação da atividade, incluindo as regras, os papéis e as responsabilidades dos participantes, devem ser compreendidos com clareza.

2. **Ouça e interprete de forma esclarecedora as situações que ocorrerem no grupo.** Valorize toda e qualquer resposta do grupo e, quando necessário, acrescente mais informações. Trate a todos com igualdade, acolha a emoção como se fosse um espelho e interprete o que se percebe do outro. Também é possível lançar uma hipótese sobre as razões da emoção suscitada para ajudar a explicitá-la: "Talvez você esteja aborrecido porque...". Isso facilita que se nomeie a emoção sem julgá-la ou avaliá-la.

3. **Delimite ou expanda os comentários.** Conduza as contribuições de modo que as falas permaneçam no contexto que estiver sendo vivenciado, mantendo uma postura aberta a opiniões contrárias ou equivocadas e sintetizando os comentários de modo claro e objetivo.

4. **Permita que os participantes percebam possíveis dificuldades pessoais, mas sem se sentirem ameaçados.** A vulnerabilidade é um ato que permite uma postura mais sensível em relação aos movimentos do grupo. Perceba-os e dê um rumo mais adequado a eles, tendo em vista a coerência entre a verbalização e a postura profissional (comportamento) esperadas do grupo. É importante deixar claro o

respeito e o sigilo absoluto sobre tudo que for abordado durante a atividade em grupo, bem como escutar ativamente até o final, dando tempo ao participante em atitude receptiva e se mantendo em silêncio enquanto ele fala.

5. **Conheça o perfil do grupo com a maior antecedência possível (origem, faixa etária, interesses, funções, líderes, problemas, etc.).** Promova um relacionamento agradável com todos os membros do grupo e assuma uma postura de paciência, principalmente quando o grupo preferir permanecer em silêncio ou reagir com monossílabos, risos, gestos de tensão, crítica ou mesmo ansiedade.

6. **Trabalhe proativamente.** Prepare-se para a condução da atividade, elaborando um *checklist* das tarefas e das providências que serão desenvolvidas, principalmente com relação aos materiais utilizados. O planejamento é essencial para o sucesso da aplicação de qualquer dinâmica. Caso precise de algum aplicativo, por exemplo, já o teste, crie os *links*, etc.

7. **Conduza à ação.** Para que os estudantes sejam capazes de enfrentar seus desafios, buscar seus sonhos e seus valores e focar em conquistá-los, será fundamental conduzir as reflexões à ação. Isso é possível por meio de perguntas que auxiliem os estudantes a formular suas contribuições, ajudando-os a descobrir o que há por trás de suas emoções. Além disso, será essencial realizar questões que provoquem a mudança, pois isso ajuda a pensar em possibilidades de atuação a partir de novas perspectivas e a desenvolver a mentalidade criativa.

Todas essas orientações auxiliarão no sucesso da aplicação das estratégias de ativação em prol do desenvolvimento da mentalidade criativa. Caso queira usar um recurso para **organizar a reflexão da experiência** ou do conjunto de experiências, utilize o formulário disponível por meio do QR Code a seguir.

Eureka! O elemento **Eureka!** trará um conjunto de orientações, possibilidades de ajuste ou mesmo aspectos agregadores que serão capazes de potencializar a dinâmica para tornar a aprendizagem mais **ativa** e **significativa** para o estudante, funcionando como uma dica incrível.

Os elementos de composição elencados na descrição das estratégias de ativação estão organizados com base nos objetivos predefinidos e no método para alcançá-los, podendo ter finalidades acadêmicas ou de capacitação profissional, bem como na possibilidade de adotar abordagens didáticas mais diversas.

Um conselho sobre as estratégias de ativação: não julgue sua adequação se baseando no fato de serem supostamente fáceis demais para os estudantes. O objetivo de cada uma delas é levar os estudantes a desenvolverem uma mentalidade criativa para o desenvolvimento ilimitado. As tarefas em si são apenas um meio para novas habilidades e normas, e não um fim.

Independentemente da implementação de um modelo ou de uma nova estratégia de ativação, toda prática educativa necessita de planejamento e sistematização e deve conter o caráter intencional. Inicialmente, defina a habilidade que deve ser desenvolvida com base nos pilares estabelecidos. Sempre tenha em mente que qualquer intervenção gerará impacto na aprendizagem.

Recomendo um exercício reflexivo para lhe ajudar a definir a melhor estratégia:

1. O que se ensina?
2. Para que se ensina?
3. Quais resultados são esperados a partir do ensino proposto?

Com base nessa reflexão, selecione a estratégia mais apropriada; a partir disso, você terá o quarto questionamento do exercício reflexivo: como se ensina?

O papel de facilitador pressupõe que, ao aplicar as estratégias de ativação, você consiga manter uma escuta ativa e sem julgamentos. Fazer isso adequadamente envolve formação e reflexão constante sobre a própria prática. Nesse sentido, a seguir, serão apresentadas 40 novas possibilidades que habilitarão o desenvolvimento da mentalidade criativa nos estudantes. Vamos conhecer as estratégias de ativação de cada um dos pilares?

ESTRATÉGIAS DE ATIVAÇÃO PARA A RESOLUÇÃO CRIATIVA DE PROBLEMAS

1. Como "x" resolveria?

Contexto de aplicação: presencial, *on-line* e híbrido.

Tempo de duração: 10 a 15 minutos.

Nível ou segmento indicado: anos finais do ensino fundamental, ensino médio, educação superior e formação docente.

Materiais: papel sulfite e cartões com imagens ou nomes de personalidades.

Objetivo: resolver problemas de forma criativa por meio de exercício empático.

Momento UAU:

1. Selecione o problema a ser resolvido.
2. Escolha personagens, profissionais ou papéis que possam inspirar os estudantes com sua maneira de encarar a vida e os problemas, ou mesmo teóricos que apresentem um modo diferente de pensar a sociedade.
3. Entregue aos estudantes diferentes cartões e peça que pensem de acordo com determinada personalidade para resolver algo. A ideia é "imaginar" como alguém importante (ou alguém que se admira) resolveria o problema ou quais opções essa pessoa consideraria. Por exemplo:

    Problema: **Como reduzir a produção de lixo no mundo?**
    - Como Elon Musk resolveria esse problema?
    - Como Gandhi resolveria esse problema?
    - Como Bill Gates resolveria esse problema?
    - Como Albert Einstein resolveria esse problema?

    Problema: **Como desenvolver a criatividade nos estudantes?**
    - Como Vygotsky desenvolveria?
    - Como Piaget desenvolveria?
    - Como Freinet desenvolveria?

Peça que os estudantes compartilhem suas ideias sobre diferentes modos de buscar solução para os problemas se colocando no lugar da pessoa selecionada.

Reflexão sobre a experiência: esta estratégia auxilia os estudantes a analisarem um assunto ou resolverem um problema sob uma perspectiva diferente. O ganho desta abordagem é que, ao atribuir a responsabilidade pela decisão ao outro, alivia-se a sensação de preocupação sobre propor ideias ruins. Isso ocorre porque os participantes não propõem suas ideias, mas as ideias de outra pessoa. Para consolidar a reflexão, podem-se levantar as seguintes questões:

- Como foi tentar se colocar no lugar do outro, ou seja, tentar resolver um problema com a responsabilidade, as ideias e o contexto de outras pessoas?
- Como você percebeu as diferentes formas de resolução de um problema? Como foi encontrar uma solução para um problema a partir de um "modo determinado de ver"?
- Como podemos nos colocar de modo mais aberto a ouvir as diferentes formas de pensar e resolver os problemas?

Consolide o processo, chamando a atenção para as diversas possibilidades de buscar resolver um problema. Você pode ainda pedir que a turma eleja um modo mais exequível, com base em critérios determinados.

Eureka!
Busque levar "personalidades" conhecidas pelos estudantes. Caso não tenha certeza de que os alunos conhecem as personalidades propostas, elabore um pequeno cartão com frases e características que representem o modo de pensar delas. Veja um exemplo na Figura 4.1.

Outra dica é selecionar profissões em vez de personalidades, por exemplo: como um médico resolveria? Como um político resolveria? Como um CEO resolveria?

Durante a aplicação da estratégia, você pode selecionar apenas uma atividade/profissão ou um personagem que sirva para todos os grupos e pedir que criem soluções pensando em como essa pessoa resolveria o problema. Essa opção também é bem interessante, visto que cada grupo levantará resoluções diferentes.

Mentalidade criativa 51

Figura 4.1 Modelo de *card* aplicado na formação de docentes.

Uma adaptação a ser feita quando se tem menos tempo para a realização da atividade é substituir os questionamentos mencionados pela frase "O que você faria se fosse...?". Desse modo, os estudantes assumem o papel de uma figura famosa, seja um líder, seja uma celebridade, e se colocam no lugar dela para imaginar como ela abordaria uma ideia.

2. Invenções do inverso

Contexto de aplicação: presencial e *on-line*.

Tempo de duração: 15 a 30 minutos.

Nível ou segmento indicado: anos iniciais e finais do ensino fundamental, ensino médio, educação superior e formação docente.

Materiais: papel sulfite e canetinhas.

Objetivos: fomentar a imaginação e a descontração para desbloqueio da criatividade e refletir sobre os impactos do crítico interno.

Momento UAU:

1. Inicie o diálogo explicando a relevância do papel das invenções e como elas impactam as ações cotidianas do ser humano. Algo tão simples como uma vassoura, uma pá ou uma faca resolve muitos problemas.
2. Explique que os alunos assumirão o papel de inventores, mas que deverão inventar coisas que não são úteis, como uma escova de dente que produza mais sujeiras, uma caixa com buracos, etc.
3. Reserve alguns minutos para que cada participante pense separadamente e, em seguida, peça que cada um apresente suas invenções inversas aos colegas. Caso o tamanho do grupo seja muito grande, em vez de individualmente, a dinâmica dos inversos poderá ser aplicada em pares ou em grupos menores.
4. É importante enaltecer as conquistas e as realizações de todos os participantes e incentivá-los a serem o mais criativos possível. Nesta atividade, gargalhadas são garantidas.

Reflexão sobre a experiência: inicie a reflexão questionando os estudantes sobre como se sentiram ao assumir o papel de inventores. Assim que comentarem as experiências, pergunte o motivo pelo qual é mais fácil criar uma solução inversa (maluca e inútil, feita para não funcionar) do que uma solução realmente agregadora e capaz de gerar valor para as pessoas.

A ideia é que eles percebam que, quando estão sendo "cobrados" de algo relevante, que inclua a aprovação do outro, começamos a dizer a nós mesmos frases que iniciam com "Eu não posso", "Eu não consigo", etc. Isso significa que estamos sob influência de um crítico interno, ou seja, sob alta censura.

O crítico interno é uma situação muito comum e uma das razões pelas quais as pessoas não conseguem seguir em direção ao seu objetivo. É aquela voz interna que cada um tem dentro de si e que pode aparecer justamente quando planejamos uma mudança, assumimos um desafio ou simplesmente queremos realizar algo importante, como fazer uma prova ou ir a uma entrevista de emprego. Pensamentos como "Eu nunca vou conseguir atingir meus objetivos", "Eu não sou capaz de realizar isso", "Eu não tenho direito a essa conquista", "Minha proposta para resolver esse problema não é boa o suficiente", "Ninguém irá gostar do que eu pensei", "Eu não tenho capacidade de aprender isso" e intermináveis "Eu não consigo", "Eu não posso", "Eu não sei" fazem parte do crítico interno. Ele é responsável pelos pensamentos negativos e de não merecimento e um grande desencadeador de baixa produtividade, autossabotagem, estagnação, procrastinação, etc.

Para o fechamento, você pode enaltecer a importância de deixar as ideias e a criatividade fluírem e manter a postura de "baixa censura" para pensar em soluções, reforçando a importância do processo imaginativo. Precisamos diminuir a crítica interior para que as ideias possam surgir. Também é preciso estar mais forte para quando tivermos uma ideia ou uma proposta rejeitada.

Eureka!
Para deixar a dinâmica ainda mais divertida, peça que os estudantes desenhem o produto inverso e compartilhem em um quadro virtual ou na parede do local para todos lembrarem da importância de baixar a censura, reduzir o crítico interno e deixar as ideias fluírem.

3. Encontrando oportunidades

Contexto de aplicação: presencial e *on-line*.

Tempo de duração: 15 a 30 minutos.

Nível ou segmento indicado: anos finais do ensino fundamental, ensino médio, educação superior, formação docente e ambiente corporativo.

Materiais: papel sulfite, canetinhas e informações sobre o assunto, o tema, o sistema ou o objeto que se pretende melhorar.

Objetivo: aperfeiçoar um objeto, um tema ou um sistema, ampliando suas possibilidades.

Momento UAU:

1. Inicie o diálogo explicando a necessidade de aperfeiçoamento constante de sistemas, objetos, etc., e que a inovação não precisa se referir a algo totalmente novo, mas à aplicação de uma mudança em uma etapa que ocorre dentro de um processo, uma melhoria ou mesmo uma adequação que traga benefícios em curto ou longo prazos.
2. Na sequência, apresente o objeto, o processo ou o tema que se pretende melhorar, por exemplo, uma cadeira.

3. Considere as partes que constituem o objeto, como materiais, formas, finalidade, usuários, etc., e, depois, faça perguntas reflexivas como:
    - De que maneira o objeto/sistema poderia ser modificado para se tornar **mais eficiente**?
    - De que maneira o objeto/sistema poderia ser modificado para se tornar **mais ético**?
    - De que maneira o objeto/sistema poderia ser modificado para se tornar **mais exequível**?
    - De que maneira o objeto/sistema poderia ser modificado para se tornar **mais bonito**?
    - De que maneira o objeto/sistema poderia ser modificado para se tornar **mais sustentável**?
4. Depois da aplicação das questões, o grupo de estudantes deverá ser encorajado a melhorar, modificar ou criar outro objeto ou sistema, por exemplo, uma escrivaninha muito melhor para o usuário.
5. Nesta fase, entregue uma ficha de registro de protótipo aos estudantes para que consigam representar o novo objeto ou sistema da forma mais detalhada possível. A ideia é que desenhem e listem as melhorias aplicadas.
6. Peça aos estudantes que apresentem a ficha do protótipo com o produto melhorado e os novos benefícios.
7. É importante aplaudir as realizações de todos os participantes e incentivá-los a serem o mais criativos e funcionais possível.

Reflexão sobre a experiência: para o fechamento, enalteça a importância de deixar as ideias fluírem, da criatividade e da baixa censura para pensar em soluções, reforçando a relevância do processo imaginativo e da funcionalidade. Não adianta ser criativo e inovador e não gerar valor.

Além disso, essas mudanças não precisam necessariamente alterar o produto (mas podem refletir na qualidade do objeto), podendo atuar em questões de estoque, matéria-prima, fornecedores, etc.

Eureka!
Esta é uma dinâmica de ativação que, se usada antes de uma prática *maker*, pode gerar verdadeira motivação e transformação de um produto.

Por exemplo, depois de aplicar a dinâmica, você pode solicitar que o estudante produza, de fato, o protótipo físico do objeto.

Esta dinâmica promove o **pensamento divergente**, à medida que os estudantes pensam em novas possibilidades para um objeto, e o **pensamento convergente**, à medida que os estudantes decidem a maneira mais eficaz de construir, explorar e (re)desenhar o objeto ou sistema.

4. Pontos cardeais (AGUIRRE et al., 2019)

Contexto de aplicação: presencial e *on-line*.

Tempo de duração: 20 a 40 minutos.

Nível ou segmento indicado: anos finais do ensino fundamental, ensino médio, educação superior, formação docente e ambiente corporativo.

Materiais: papel sulfite, canetinhas, notas autoadesivas e o *template* com a representação dos pontos cardeais.

Objetivos: aprofundar a proposta de solução sobre o objeto de conhecimento e/ou examinar e analisar as diferentes alternativas para a solução de problemas.

Momento UAU:

1. Inicie a atividade esclarecendo que esta dinâmica de ativação será aplicada para aprofundar alguma proposta de solução sobre o objeto de conhecimento ou para examinar ou analisar diferentes alternativas.
2. Selecione um problema para os estudantes trabalharem, por exemplo:
   - Como podemos resolver o problema da mobilidade urbana?
   - Como podemos reduzir a produção de lixo no mundo?
3. Outra possibilidade é selecionar algumas soluções já conhecidas para os problemas referentes ao tema que se pretende trabalhar, como algum produto ou serviço já utilizado.
4. Após os estudantes finalizarem a proposta de solução do problema, entregue uma ficha específica com a representação das siglas dos pontos cardeais ou peça que utilizem as notas autoadesivas para representá-los, com o intuito de aprofundar e qualificar a proposta de solução apresentada (Fig. 4.2).

5. Peça que os estudantes apresentem sua análise em relação às propostas apresentadas.
6. A atividade pode ser encerrada apenas com a discussão e o preenchimento da bússola. Também é possível iniciar uma nova etapa, com o intuito de elaborar as ações a partir dos *insights* gerados pela dinâmica.

NORTE (N): necessário.
OESTE (O): negativo (ou preocupante).
SUL (S): sugestões (para melhorias em relação à proposta ou a ideias geradas).
LESTE (L): positivo (ou promotor).

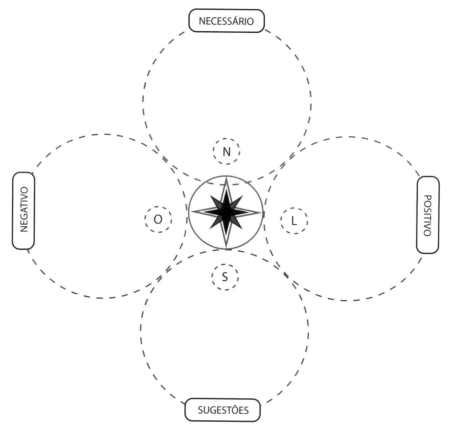

Figura 4.2 Estratégia Pontos cardeais.
Fonte: Adaptada de Aguirre *et al.* (2019).

Reflexão sobre a experiência: para o fechamento, enalteça a importância de analisar de forma mais aprofundada e crítica as propostas de solução apresentadas. É importante examinar em grupo as análises realizadas e avaliar de forma colaborativa o peso que cada aspecto pode ter na viabilidade da proposta. Além disso, pode-se realizar uma reflexão pessoal sobre as dificuldades que surgiram, os aspectos positivos, etc., durante as apresentações.

Eureka!
Esta dinâmica pode ser utilizada quando se está enfrentando um problema para o qual não se consegue encontrar uma saída ou uma forma rápida de entrar em ação e resolvê-lo. Após sua utilização, certamente surgirá uma nova forma de pensar, muito mais eficiente e focada na melhoria da solução, e não no problema. Pode-se, ainda, iniciar um novo exercício para gerar a lista de ações para a resolução de um problema ou a aplicação das melhorias.

5. Atomizar

Contexto de aplicação: presencial e *on-line*.

Tempo de duração: 30 a 60 minutos.

Nível ou segmento indicado: anos finais do ensino fundamental, ensino médio, educação superior, formação docente e ambiente corporativo.

Materiais: papel sulfite, canetinhas, notas autoadesivas, espaços digitais para registro de anotações, cartolina ou *flip-chart* e pincel atômico.

Objetivo: fragmentar um conteúdo ou um processo em pequenas partes estratégicas, de forma segmentada, com ideias adicionais.

Momento UAU:

1. Inicie explicitando que a dinâmica será aplicada para fomentar uma discussão de ideias, na qual se espera a contribuição espontânea de ideias voltadas para o estudo e a resolução de problemas, buscando a causa-raiz e dividindo os subtemas.

2. Com o tema ou o conteúdo selecionado, lance o "problema" a ser atomizado pelo grupo, apresentando a situação-problema ou o assunto a ser discutido. É importante que seja apresentado um único tema ou problema (macro).

3. Na sequência, os estudantes devem dividir o sistema maior (problema ou tema) e seguir para a análise de seus componentes, camada por camada (Fig. 4.3). Os alunos devem apresentar as ideias que eventualmente possam surgir de forma *componentizada*, sem rodeios, elaborações ou considerações.
4. Posteriormente, quando se encerrar o tempo determinado para a atividade, solicite que os alunos olhem para as ideias propostas e façam a seleção das que consideram as melhores (filtro). Eles podem se organizar conforme a prioridade, a importância ou a aplicabilidade.

Reflexão sobre a experiência: para o fechamento da atividade, promova uma discussão ou uma atividade de encerramento, enfatizando a causa-raiz do problema ou os principais componentes a serem tratados por meio da apresentação dos estudantes.

Destaque que atomizar um problema ou um tema é uma atividade muito útil e enriquecedora por tornar a compreensão, a análise, a discussão e a solução do problema mais tangíveis ao gerar componentes menores. Com a fragmentação do conteúdo ou das partes de um problema, a mensuração dos resultados fica muito mais ágil, uma vez que é possível analisar qual parte do conteúdo gerou mais discussão e atenção dos participantes.

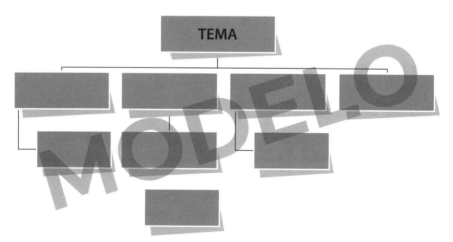

Figura 4.3 Processo de "atomização".

Eureka!
Embora esta dinâmica seja aplicada em uma grande diversidade de situações, ela pode funcionar melhor em situações como iniciar um novo negócio, estruturar uma oferta de serviço, *componentizar* um problema social ou político, compreender a cultura de grupo ou introduzir ou contextualizar um determinado assunto.

6. Definição do desafio estratégico

Contexto de aplicação: presencial e *on-line*.

Tempo de duração: 30 a 45 minutos.

Nível ou segmento indicado: anos finais do ensino fundamental, ensino médio, educação superior, formação docente e ambiente corporativo.

Materiais: papel sulfite, canetinhas, notas autoadesivas, espaços digitais para registro de anotações, cartolina ou *flip-chart* e pincel atômico.

Objetivo: delimitar o desafio estratégico para nortear o desenvolvimento de um novo projeto ou trabalho.

Momento UAU:

1. Apresente uma situação desafiadora. Pode ser um problema, um programa ou mesmo um produto ou um serviço com o qual se pretende trabalhar. Por exemplo: como podemos envolver as famílias na escola? Como podemos otimizar tal processo? Como podemos capacitar os colaboradores para vender mais? Como podemos reduzir o problema da poluição no mundo?
2. Na sequência, entregue blocos de cartões, como notas autoadesivas, e peça que os participantes apresentem o que já sabem sobre o problema. A ideia é levantar o maior número de informações possível para compreender o contexto em que o problema é gerado (Fig. 4.4). Algumas questões podem nortear esta etapa:
    - O que você já sabe sobre o problema apresentado?
    - Qual é o perfil das pessoas envolvidas ou impactadas pelo problema?
    - Quais tecnologias ou recursos podem ajudar na resolução do problema?

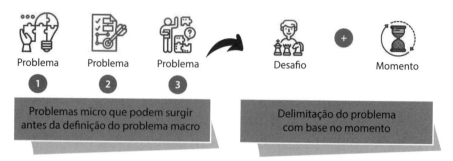

Figura 4.4 Modelo de estruturação para definição do objetivo estratégico.

- O que precisamos descobrir ou realizar para resolver o problema?

  É importante definir o tempo para reflexão e permitir que as respostas sejam individuais.

3. Ao término, os participantes devem compartilhar suas informações, e você deve agrupá-las em um *flip-chart* ou uma lousa digital.
4. Neste momento, podem surgir vários caminhos para compreender o problema, porém o objetivo é delimitar o escopo da situação a ser trabalhada, levando em consideração o momento, ou seja, o contexto em que o problema está inserido.
5. O desafio estratégico se consolida com **a leitura do desafio que a instituição ou a organização deve superar e a leitura do momento**. Você pode pedir para os participantes registrarem uma frase que represente o **desafio estratégico** e deixá-la exposta para que todos visualizem.
6. Com o problema bem definido, é possível seguir com a produção de um plano de ação ou já iniciar as ações a serem tomadas.

Reflexão sobre a experiência: para o fechamento da atividade, promova uma discussão ou uma atividade de encerramento que impeça as instituições, os governos ou as escolas de seguirem adiante na busca pela resolução dos problemas. Muitas vezes, trata-se da incapacidade de traduzir os problemas em um desafio maior, tendo em vista o contexto em que o participante está inserido.

Eureka!
Embora esta dinâmica seja aplicada em uma grande diversidade de situações, não adianta apenas definir o desafio estratégico sem seguir para a elaboração de um plano de ação. Por isso, para se ter clareza de que o **desafio estratégico** foi alcançado, cabe a você analisar se é possível identificar o objetivo que se quer alcançar, traçar uma delimitação do que é necessário fazer para atingir esse objetivo e verificar se as atividades-chave e as ações estão listadas em convergência com o que precisa ser desenvolvido para se chegar aos resultados desejados.

7. Desenhe o problema

Contexto de aplicação: presencial e *on-line*.

Tempo de duração: 10 a 20 minutos.

Nível ou segmento indicado: anos finais do ensino fundamental, ensino médio, educação superior, formação docente e ambiente corporativo.

Materiais: papel sulfite, canetinhas, notas autoadesivas, espaços digitais para registro de anotações, cartolina ou *flip-chart* e pincel atômico.

Objetivo: elaborar uma facilitação gráfica para tangibilizar a compreensão do problema.

Momento UAU:

1. Selecione um problema ou um desafio a ser trabalhado com os estudantes.
2. Inicie expondo aos estudantes que é importante deixar o problema claro para que se possa trabalhar na busca pelas soluções; por isso, a técnica tem a finalidade de deixar o problema o mais óbvio possível.
3. Entregue uma ficha (folha A4) para o grupo e solicite que cada participante imagine formas de representar o problema exposto e as registre por meio de uma lista. Por exemplo, eles podem imaginar "um dia na vida" de um problema ou uma ilustração que represente o problema como um todo.

4. Na sequência, solicite que os estudantes virem a folha e desenhem o problema. Eles podem usar uma facilitação gráfica, um diagrama, um fluxo, etc. A ideia é ajudar na explicação do problema (Fig. 4.5).
5. Ao finalizar, os estudantes devem apresentar suas produções.

Reflexão sobre a experiência: para o fechamento da atividade, o grupo deve refletir sobre as semelhanças e as diferenças que os cartazes trouxeram e, junto com você, chegar a uma conclusão sobre o conteúdo da lista e a representação única que contemple a melhor forma possível de representar o problema.

Eureka!
Por se tratar de uma estratégia básica para auxiliar na compreensão do problema, é importante buscar outras possibilidades para dar sequência à atividade.

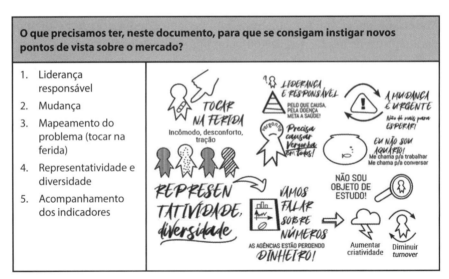

Figura 4.5 Modelo de facilitação visual.
Fonte: Facilitação visual Luisa Diebold (@luisadiebold).

8. SCAMPER

Contexto de aplicação: presencial e *on-line*.

Tempo de duração: 10 a 20 minutos.

Nível ou segmento indicado: anos finais do ensino fundamental, ensino médio, educação superior e formação docente.

Materiais: papel sulfite, canetinhas, notas autoadesivas, espaços digitais para registro de anotações, cartolina ou *flip-chart* e pincel atômico.

Objetivo: exercitar diferentes possibilidades a partir de um contexto, um problema ou um desafio.

Momento UAU:

1. Inicie a atividade explicando que a técnica SCAMPER se refere ao exercício de diferentes possibilidades a partir dos elementos identificados pela sigla, relacionada aos conceitos essenciais da própria técnica (Fig. 4.6): **s**ubstituir, **c**ombinar, **a**daptar, **m**odificar, **p**ropor (novas aplicações ou usos), **e**liminar e **r**everter/**r**earranjar.
2. Para aplicar a técnica, forneça um problema ou uma situação e solicite que os estudantes proponham soluções por meio do seguinte exercício:

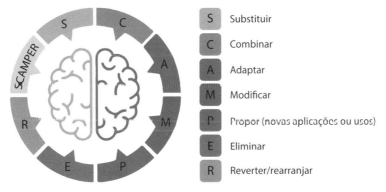

Figura 4.6 Método SCAMPER criado por Bob Eberle.

- Substituir: o que aconteceria se o item X fosse trocado pelo item Y?
- Combinar: se uníssemos o projeto X ao projeto Y, quais resultados teríamos?
- Adaptar: o que podemos fazer para adequar esse projeto a outros contextos?
- Modificar: o que podemos mudar para que esse projeto gere mais valor?
- Propor (novas aplicações ou usos): quais novas utilidades posso atribuir a esse projeto?
- Eliminar: o que podemos excluir do projeto para que ele fique mais simples e fluido?
- Reverter/rearranjar: como podemos reorganizar esse projeto para que seja mais eficiente?

3. Com a aplicação desta estratégia de ativação, não só é possível fomentar novas ideias, como também refinar e aperfeiçoar as propostas de solução para problemas reais por meio do exercício da criatividade.

Reflexão sobre a experiência: ajude os estudantes a compreenderem que o SCAMPER é a estratégia que ajuda a gerar novas ideias e soluções para problemas existentes e, em geral, pode ser usada em qualquer situação em que as pessoas precisem de ideias criativas e inovadoras para resolver um problema ou atingir um objetivo.

Eureka!
Uma dica bem interessante é contar aos estudantes que, embora esta abordagem pareça bem atual, ela foi desenvolvida no século passado pelo administrador e autor Bob Eberle, com a intenção de propor uma abordagem mais estruturada para as sessões de *brainstorming* em seu livro *Scamper: creative games and activities for imagination development*.

9. Creative problem solving (CPS)

Contexto de aplicação: presencial e *on-line*.

Tempo de duração: 30 a 60 minutos.

Nível ou segmento indicado: anos finais do ensino fundamental, ensino médio, educação superior, formação docente e ambiente corporativo.

Materiais: papel sulfite, canetinhas, notas autoadesivas, espaços digitais para registro de anotações, cartolina ou *flip-chart* e pincel atômico.

Objetivo: alcançar resultados novos e úteis a partir de exercício divergente e convergente.

Momento UAU:

1. A estratégia CPS, cujo modelo apresentado aqui é baseado no trabalho de Puccio, Mance e Murdock (2010), é aplicada em quatro etapas, sendo que as três primeiras são voltadas para a compreensão, a construção e a formulação do problema. Isso é feito por meio do esclarecimento de sua percepção, reunindo informações e reformulando-o.

2. Apresente o problema, um estudo de caso ou algo (processo ou sistema) que se pretende melhorar. Ao anunciar o problema, os estudantes devem gerar ideias que levem à sua solução, além de explorar a visão, reunir informações e formular desafios, ou seja, compreender o problema, como: o que seus clientes/estudantes querem melhorar? Quais pequenos problemas podem se tornar problemas maiores? O que pode impedir o trabalho ou torná-lo mais difícil? O que muitas vezes deixamos de fazer com sucesso?

Compreender	Explorar a visão	Identificar o desafio ou o objetivo
	Reunir informações	Descrever e gerar informações que permitam uma compreensão clara do problema ou do desafio
	Formular desafios	Aguçar a percepção dos desafios e criar perguntas que convidem a pensar em soluções

3. Com a compreensão do problema, é preciso iniciar o processo de ideação, ou seja, de gerar ideias. Nesta etapa, é importante deixar o processo aberto, com o pensamento fluido, com vistas a gerar o maior número de ideias possível por meio do pensamento divergente. **Essas ideias geralmente são sobre problemas que existem agora, mas é fundamental tentar olhar para o futuro. Oriente os estudantes para que tenham em mente as expectativas futuras ou**

quais problemas podem afetá-los. A divergência possibilita ir além de ideias óbvias, em direção a ideias potencialmente inovadoras.

Idear	Gerar ideias	Gerar ideias que respondam às perguntas dos resultados

4. Na sequência, já com as ideias iniciais geradas, é o momento de selecionar as que parecem melhores e viáveis. Lembre-se que, nesta fase, ao analisar as ideias mais promissoras, os estudantes devem estar focados na busca pela formulação da solução do problema. Tendo em vista que o processo de divergência fornece a matéria-prima e as ferramentas, esta fase, a de buscar a convergência, auxiliará a avaliar e refinar ideias.

Desenvolver	Formular soluções	Avançar de ideias para soluções Avaliar, fortalecer e selecionar as melhores soluções

5. Por fim, é o momento de buscar recursos e desafios tendo em vista sua implementação, isto é, formular planos para colocá-los em prática. Vale destacar que, nesta última etapa, é fundamental identificar os recursos e as ações que apoiarão a implementação da(s) solução(ões) selecionada(s).

Implementar	Formular planos	Explorar a aceitação e identificar recursos e ações que deem suporte à implementação da solução selecionada

Reflexão sobre a experiência: assim como na estratégia SCAMPER, o principal objetivo da CPS é fazer os estudantes desenvolverem o potencial criativo para ajudá-los a "pensar fora da caixa" e gerar *insights* que promovam oportunidades. Nesse sentido, para a realização do fechamento, questione-os sobre a exequibilidade da proposta de solução. Peça que destaquem o elemento inovador e narrem como se sentiram ao participar da dinâmica.

Finalize informando a eles que esse exercício pode ser usado não só para o lançamento de um novo produto ou a abertura de um novo mercado, mas também em situações cotidianas. Para essa consolidação, apresente o quadro da CPS (Fig. 4.7) e peça que os estudantes sistematizem as ideias geradas em todas as etapas ou que apresentem suas soluções respeitando o esquema utilizado.

Eureka!
Uma dica bem interessante é contar aos alunos que, embora essa metodologia seja bem relevante e atual, foi desenvolvida no século passado, na década de 1950, por Alex Osborn e Sidney Parnes, no congresso Creative Problem Solving Institute (CPSI), de cunho científico e acadêmico, da Buffalo State University, nos Estados Unidos. Vale considerar que a mentalidade criativa é essencial em qualquer tempo e a grande propulsora de invenções e inovações.

10. Captura de *feedbacks*

Contexto de aplicação: presencial e *on-line*.

Tempo de duração: 20 a 30 minutos.

Nível ou segmento indicado: ensino médio, educação superior, formação docente e ambiente corporativo.

Materiais: papel sulfite, canetinhas, notas autoadesivas, espaços digitais para registro de anotações e ficha organizadora "Captura de *feedbacks*" em tamanho A3.

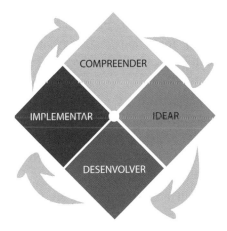

Figura 4.7 Estratégia CPS.

Objetivo: melhorar o resultado do trabalho por meio do *feedback* dos colegas.

Momento UAU: antes de aplicar a estratégia, vale considerar que ela depende de uma atividade predecessora, visto que o objetivo é coletar as percepções dos colegas em relação a uma proposta de solução ou melhoria, apresentação, etc. Dessa maneira, selecione um fato, um *case*, um problema ou uma proposta de solução para que os participantes, individualmente ou em grupo, elaborem uma apresentação.

1. A primeira fase consiste na orientação da atividade e na explicação da ficha "Captura de *feedbacks*". Um modelo de formulário está disponível no QR Code a seguir.

2. Destaque que as informações prestadas pelos colegas servirão como insumos relevantes a serem analisados por meio de diferentes olhares, críticas ou fortalecimento das ideias do trabalho de outra pessoa. Ao emitir o *feedback*, o grupo deverá assumir uma postura de apoiador do sucesso desse trabalho.

3. Com as explicações sobre o formulário e as informações que devem ser prestadas, cabe aos grupos realizarem as apresentações em relação a um tema, uma proposta de solução ou uma melhoria, etc. Não ultrapasse 8 minutos.

4. Com a apresentação realizada, atribua um tempo para avaliação e preenchimento do formulário. Nesse tempo, o grupo ou o estudante apresentador poderá circular na sala e responder ou esclarecer pequenos pontos. No entanto, não vale "debater" a proposta neste momento. Não ultrapasse 5 minutos.

5. Por fim, disponibilize um tempo para comentar alguns *feedbacks* e inicie o processo com outro grupo.

Reflexão sobre a experiência: diante do fato de que esta estratégia tem como foco a melhoria do resultado do trabalho por meio do *feedback* dos colegas, inicie a reflexão questionando os estudantes sobre como se sentiram ao apresentarem suas ideias e ouvirem a opinião dos colegas. A exposição pode deixá-los nervosos e se sentindo vulneráveis, mas explique que, na vida, defendemos a todo momento nossas ideias e que o olhar do outro pode nos auxiliar a avançar e melhorar nossos projetos.

Na sequência, direcione a questão ao momento em que se atribuiu um *feedback*. Questione como foi assumir a postura de alguém que precisa ter uma escuta ativa e expressar uma sincera percepção. Finalize destacando a importância de atribuir um *feedback*, salientando que é preciso ser honesto e construtivo e assumir uma postura equilibrada, capaz de dar apoio ao proponente da solução. Assumir um papel diretivo no processo de crítica, mas não prejulgar ou minar a autoridade dos demais, também é um desafio.

Eureka!
Sabe aquele momento em que aparece um desafio? Um entrave no ambiente de trabalho, uma situação familiar ou mesmo uma dúvida cotidiana – por exemplo, qual canal de televisão você quer assistir ou qual caminho é o melhor a se percorrer. Não importa a magnitude e a natureza, explore todas as possibilidades de ação. A estratégia "Captura de *feedbacks*" pode ajudar muito a enxergar outros pontos.

É fundamental que sempre possamos buscar novas fontes de informação e nos manter inspirados. Ouvir propostas dos colegas, assim como ouvir o que se pensa sobre a proposta, pode ser um exercício bem promissor para que o nosso repertório seja ampliado.

ESTRATÉGIAS DE ATIVAÇÃO PARA O ACOLHIMENTO, O ESTABELECIMENTO DE VÍNCULOS E A VALORIZAÇÃO DAS SINGULARIDADES

1. Máscaras reveladoras

Contexto de aplicação: presencial, *on-line* e híbrido.

Tempo de duração: 20 a 30 minutos.

Nível ou segmento indicado: anos finais do ensino fundamental, ensino médio, educação superior, formação docente e ambiente corporativo.

Materiais: máscaras descartáveis e canetinhas.

Objetivo: refletir sobre os sentimentos, as expectativas ou as ideias sobre algum tema, uma experiência atual e/ou futura ou novos projetos.

Momento UAU:

1. Distribua ou peça que os estudantes separem os materiais necessários.
2. Problematize o tema abordado com o intuito de criar uma conexão com o assunto proposto. Neste ponto, você pode usar uma reportagem, um pequeno vídeo ou uma poesia.
3. Oriente os estudantes a selecionarem uma palavra capaz de representar seus sentimentos ou suas ideias em relação ao tema ou à experiência vivenciada, como as expectativas sobre iniciar o ano/semestre letivo, o sentimento em relação ao isolamento ocasionado pelo cenário pandêmico, uma ideia sobre algum novo projeto ou mesmo algo já vivenciado, etc.
4. Cada estudante deve escrever a palavra escolhida na máscara e decorá-la de forma bem criativa. Nesta etapa, forneça a seguinte instrução: "A máscara que vocês irão produzir deve representá-los neste momento: seus sentimentos, suas experiências, suas expectativas, etc. Além disso, vocês devem escolher um nome para sua máscara". Disponibilize 10 minutos para o momento criativo.
5. Com o tempo esgotado, peça que cada participante apresente sua máscara, de preferência usando-a. Caso o grupo seja grande, selecione apenas alguns participantes. Se a atividade for *on-line*, peça que todos escrevam suas palavras no *chat* e selecione algumas para comentar.

Reflexão sobre a experiência: com o término da atividade, você pode realizar um breve diálogo com o intuito de consolidar a experiência por meio das seguintes questões:

- Como foi a experiência de compartilhar suas emoções neste momento?
- Alguém se identificou com a máscara de algum colega?
- Como podemos manter nossos sentimentos elevados por mais tempo?

Destaca-se que as questões são apenas um guia para o diálogo reflexivo após o desafio, e você pode omitir alguma, complementá-las ou acrescentar novas.

Eureka!
Você pode permitir outros materiais, como papéis picados, adesivos e cola, caso considere interessante. Utilize uma música instrumental agradável e calma durante o momento criativo. Se a atividade for feita presencialmente, enquanto os participantes produzem, observe-os e estimule-os. Ao término, tire um *print* ou uma foto de todos com a máscara. Caso não queira utilizar a máscara, opte por um cartão em forma de crachá.

2. Meu avatar

Contexto de aplicação: presencial, *on-line* e híbrido.

Tempo de duração: 10 a 20 minutos.

Nível ou segmento indicado: anos iniciais e finais do ensino fundamental, ensino médio, educação superior, formação docente e ambiente corporativo.

Materiais: computador, *tablets* ou celular.

Objetivos: propiciar que os participantes tenham noções rápidas das pessoas de sua turma, com o intuito de criar memórias visuais que proporcionem conversas entre as pessoas à medida que a aula ou uma reunião progride, e encorajá-los a liberarem a câmera.

Momento UAU:

1. Inicie a dinâmica solicitando que os estudantes imaginem o que poderiam dizer sobre si mesmos em relação aos seus gostos, seus interesses e seus *hobbies*, além de outras características. Caso sejam adultos, uma boa pergunta é "O que você diria sobre si mesmo que não está no seu currículo?".

2. Para apoiar e encorajar os estudantes, inicie com a apresentação do seu próprio avatar, de forma que evidencie suas particularidades. Veja um exemplo na Figura 4.8.
3. Peça que os estudantes façam os próprios avatares e identifiquem suas características pessoais, seus gostos e seus interesses. Nesta etapa, é fundamental explicar como o aplicativo ou o *software* gera o avatar por meio de uma demonstração. Se preferir, você pode até usar algum vídeo com tutorial ou mesmo compartilhar sua área de trabalho e mostrar como é o processo. Recursos que geram avatares ou caricaturas sempre são rápidos e intuitivos.
4. Depois de conduzir o processo imaginativo com os estudantes e demonstrar como funciona o gerador de avatar, atribua 5 a 10 minutos para sua elaboração.
5. Após a realização da atividade, peça que cada estudante apresente seu colega utilizando a imagem do avatar. A ideia é que todos se conheçam fugindo da clássica apresentação, de forma criativa e personalizada. Nesta etapa, cada estudante poderá utilizar 1 minuto. Caso não haja tempo para todas as apresentações, peça que os estudantes observem os avatares dos colegas e insiram comentários, indicando similitudes entre os participantes.
6. Os avatares podem ser compartilhados no *chat*, no Google Drive ou em alguma outra plataforma como o *padlet* (mural digital), por exemplo, para que todos possam vê-los com mais calma em outro momento (Fig. 4.9).

Thuinie Daros

Sou mãe dos gêmeos Arthur e Sofia, de 15 anos. Sou casada com o Daros – um amor para toda a vida. Sou vegetariana, praticante de dança circense, de acupuntura e de meditação. Amante do bom humor e da criatividade. Adoro longas caminhadas, principalmente na areia da praia, mas não gosto de praticar exercícios. Leio muito, adoro maratonar séries e não vivo sem café e chocolate.

Figura 4.8 Avatar de Thuinie Daros feito com o aplicativo FaceYourManga.

Reflexão sobre a experiência: com o término da atividade, você pode realizar um breve diálogo com o intuito de consolidar a experiência por meio das seguintes questões:

- Como foi a experiência de compartilhar um pouco sobre você?
- Alguém se identificou com características e gostos de algum colega?

Destaca-se que as questões são apenas um guia para o diálogo reflexivo após o desafio, e você pode omitir alguma, complementá-las ou acrescentar novas.

Eureka!
Para elaborar esta atividade, existem muitos aplicativos que geram avatares ou criam caricaturas de forma gratuita. Indicamos alguns já utilizados em nossas atividades, como:

- **MomentCam.** Para usar, basta registrar uma *selfie* e aguardar: o recurso transforma você em um desenho divertido de forma rápida e simples. Estão disponíveis dezenas de cenários e estilos, com roupas e acessórios para transmitir sua personalidade.

O QUE O SEU CURRÍCULO NÃO DIZ SOBRE VOCÊ?

| Adoro fazer festa. Gosto de estar com os amigos. Tenho uma filha linda. | Sou mãe de um menino, ele tem 3 anos. Adoro organizar. | Sou mãe de dois meninos maravilhosos e tenho uma cachorrinha muito companheira. Além disso, amo cozinhar. |

Figura 4.9 Modelo de aplicação da atividade "Meu avatar".

- **Dreamscope.** A ferramenta oferece vários efeitos que remetem aos estilos de artistas renomados, como Van Gogh e Picasso, para suas fotos. Você pode utilizar uma imagem já salva na galeria do celular; depois, basta selecionar o efeito e visualizar o resultado.
- **FaceYourManga.** Escolha o formato de sua cabeça, seus olhos e seu penteado, tudo configurável para ser o mais parecido com você. Existem roupas famosas, como trajes de *rock*, filmes e fantasias.

Você pode criar um banco de avatares da turma para ilustrar outras atividades, se necessário. Se a atividade for usada na educação básica, em especial com crianças mais novas, é possível começar com a leitura de um "texto-modelo" e, na sequência, solicitar uma produção textual.

Outra superdica é que, para estudantes com menos idade, existem programas de avatares animados; nesse caso, o aluno pode gravar suas informações pessoais com a própria voz e, depois, mostrar o vídeo aos demais.

Para a educação superior, pode-se aproveitar a dinâmica dos avatares, para que os estudantes apontem as qualidades e as competências profissionais que percebem em seus colegas com notas autoadesivas. Para isso, cada estudante deverá anotar a qualidade ou a competência selecionada na nota autoadesiva e colar no avatar do colega. Nesse caso, é importante reforçar a importância de fazer e receber elogios verdadeiros e manter o respeito durante toda a condução da atividade.

3. Eu me sinto mal quando...

Contexto de aplicação: presencial, *on-line* e híbrido.

Tempo de duração: 20 a 30 minutos.

Nível ou segmento indicado: anos iniciais e finais do ensino fundamental, ensino médio, educação superior, formação docente e ambiente corporativo.

Materiais: cartões "Eu me sinto mal quando" ou bloco de papéis, canetinhas e caixinha para receber os cartões/bloco de papéis.

Objetivos: aprender a se aceitar e ajudar a desenvolver a empatia com os outros membros do grupo.

Momento UAU:

1. Inicie a dinâmica de ativação explicando que os estudantes serão convidados a compartilhar seus sentimentos ruins em relação ao comportamento do outro e que não serão permitidos debates nem perguntas durante a aplicação da atividade.
2. Oriente os estudantes a escreverem no cartão "**Eu me sinto mal quando...**" sobre alguma dificuldade que encontram no relacionamento com os outros, mas que não se sentem confortáveis para compartilhar. Peça que enfatizem o próprio sentimento em relação à postura do outro (Fig. 4.10).
3. Entregue os cartões e peça que os estudantes registrem seus sentimentos em relação a alguma situação que gera desconforto, dobrem os papéis e os coloquem na caixinha. Caso a atividade seja *on-line*, você pode gerar um documento no Google Docs e compartilhar o *link* para que os estudantes dividam suas percepções.
4. Você deve recolher e misturar os cartões. A seguir, solicite que os participantes da dinâmica sorteiem seus cartões e peça que cada um assuma o problema que estiver descrito no cartão sorteado. A ideia é que a pessoa leia o problema em voz alta, explique-o como se tivesse sido escrito por ela e proponha alguma solução.
5. Neste momento, cabe a você observar como os estudantes reagem e se conseguem explicar e se apropriar do problema do outro ou se isso acontece de forma pouco natural, se surge algum desconforto, etc.

Reflexão sobre a experiência: como fechamento da dinâmica, levante algumas questões para os participantes refletirem sobre a atividade, por exemplo:

EU ME SINTO MAL QUANDO

Um colega combina algo comigo e faz outra coisa sem avisar a mudança.	Um colega não tem uma postura colaborativa no momento de resolver ou propor algo.	Um colega só apresenta críticas em relação a uma proposta de solução.

Figura 4.10 Exemplos de problemas que podem surgir com a aplicação da estratégia "Eu me sinto mal quando...".

- Como você se sentiu ao tentar explicar o problema do outro?
- Como você encontrou uma solução para um problema que você não vive?
- A solução apresentada ajudou você a pensar sobre como superar sua dificuldade?

Destaque que a maneira como a pessoa se apropria do problema do outro e propõe soluções revela o modo como ela compreende o outro, bem como se está disposta a contribuir; por isso, a empatia é a chave para o desenvolvimento da criatividade. O fato de ouvir o outro, se colocar em seu lugar e ser capaz de propor soluções é algo muito relevante no que tange à mentalidade criativa.

Eureka!
Esta dinâmica pode ser adaptada para "**Eu me sinto bem quando...**", com o intuito de valorizar os comportamentos positivos dos membros do grupo por meio dos mesmos passos, mas com a descrição de atitudes colaborativas, reforçando e elevando as vibrações motivacionais. O ideal é que a atividade seja aplicada na sequência da estratégia "Eu me sinto mal quando...".

4. Três verdades e uma mentira sobre mim...

Contexto de aplicação: presencial, *on-line* e híbrido.

Tempo de duração: 20 a 30 minutos.

Nível ou segmento indicado: anos finais do ensino fundamental, ensino médio, educação superior, formação docente e ambiente corporativo.

Materiais: cartões ou algum quadro colaborativo semelhante ao Jamboard, do Google.

Objetivos: conhecer melhor os colegas e aproveitar o momento para socializar e se divertir.

Momento UAU:

1. Cada participante deverá escrever no cartão quatro afirmações sobre si mesmo, sendo que três devem ser verdadeiras e uma delas, falsa. Veja um exemplo na Figura 4.11.

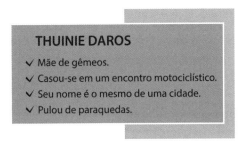

Figura 4.11 Três verdades e uma mentira de Thuinie Daros.

2. Depois, cada pessoa deverá ler suas afirmações, e os outros membros do time deverão tentar descobrir se a afirmação é verdadeira ou falsa.

3. Certamente, a dinâmica gerará um momento de descontração e a possibilidade de conhecer um pouco mais sobre os colegas.

Reflexão sobre a experiência: como fechamento da dinâmica, levante algumas questões para os participantes refletirem sobre a atividade:

- Como vocês se sentiram ao compartilhar algo sobre vocês?
- Como vocês se sentiram ao compartilhar algo que ninguém acertou sobre vocês?

É importante mostrar para o grupo como nem sempre conhecemos as pessoas que estão ao nosso lado e como momentos como esse ajudam na aproximação e no reconhecimento das singularidades.

Eureka!
Para aumentar a motivação, é possível oferecer um prêmio para quem acertar mais palpites.

5. Nossas similitudes

Contexto de aplicação: presencial, *on-line* e híbrido.

Tempo de duração: 10 a 30 minutos.

Nível ou segmento indicado: anos finais do ensino fundamental, ensino médio, educação superior, formação docente e ambiente corporativo.

Materiais: notas autoadesivas e canetas.

Objetivos: conhecer melhor os colegas e aproveitar o momento para socializar e promover a diversão.

Momento UAU:

1. Esta estratégia auxilia no desenvolvimento da empatia, da comunicabilidade e da integração entre os colaboradores, permitindo que, no dia a dia, sejam capazes de trabalhar em conjunto, com mais respeito, paciência e tolerância.
2. Para começar, divida os participantes em duplas ou trios, dependendo do número de pessoas que participará da atividade.
3. Na sequência, solicite que todos dialoguem sobre seus gostos profissionais e pessoais. Durante a troca de informações, peça que anotem pelo menos duas ou três características e habilidades que têm em comum.

Reflexão sobre a experiência: com o término da atividade, pergunte aos participantes o quanto se sentem mais conectados com os colegas. Evidencie a importância de conhecer o outro, saber suas preferências e compreender suas dores para um bom relacionamento.

Eureka!
Para que esta dinâmica seja positiva, peça que os participantes indiquem as características positivas e contributivas para o ambiente de trabalho ou de estudo.

6. Que bom, que pena, que tal?

Contexto de aplicação: presencial, *on-line* e híbrido.

Tempo de duração: 10 a 20 minutos.

Nível ou segmento indicado: anos iniciais e finais do ensino fundamental, ensino médio, educação superior, formação docente e ambiente corporativo.

Materiais: computador, *tablets* ou celular e fichas avaliativas "Que bom, que pena, que tal?".

Objetivo: propiciar que os participantes façam uma avaliação em relação a uma entrega, um trabalho, um período ou mesmo uma experiência.

Momento UAU:

1. Para que os estudantes consigam expor suas ideias e suas opiniões de forma mais leve sobre uma experiência de aprendizagem, um conteúdo abordado ou mesmo os pontos que foram bons e os pontos que precisam de melhoria, seja na escola ou na sala de aula, seja na relação entre os colegas ou na entrega do grupo, essa estratégia é fundamental e de fácil aplicação. Por isso, o primeiro passo é produzir uma ficha para o preenchimento coletivo, disponível para *download* no QR Code a seguir, e estabelecer a ação que será objeto da avaliação.

QUE BOM	QUE PENA	QUE TAL

2. Com o local de registro estabelecido, inicie disponibilizando o quadro "Que bom" aos estudantes e peça que digam tudo que acham bom em relação ao elemento avaliado, destacando os pontos positivos.

3. Em seguida, disponibilize o quadro "Que pena" e solicite que, com toda sinceridade, escrevam tudo que acham que está ruim, não funcionou ou pode melhorar.
4. No final, disponibilize o quadro "Que tal" e oriente o grupo a apresentar soluções e sugestões para melhorar o elemento avaliado.
5. Para consolidar a avaliação, você pode finalizá-la com o preenchimento do plano de ação com base nos desafios apontados.

Reflexão sobre a experiência: esta é uma estratégia de muita efetividade para gerar engajamento nos estudantes ou na equipe, visto que o participante se sente parte das melhorias do aspecto avaliado. Além disso, ela os coloca como agentes da solução e os torna mais comprometidos, trabalhando a resiliência e a inteligência emocional de forma simples.

Destaco que o exercício da liderança e da mentalidade criativa é uma condição, independentemente do local que você ocupa. O fato de encarar e avaliar conscientemente uma situação possibilita o desenvolvimento da mentalidade de crescimento.

Durante o fechamento, deixe claro que o objetivo é entender o que os participantes acharam, se gostaram e o que precisa melhorar. Assim, eles se sentirão parte do processo e mais à vontade para dar opiniões. Pergunte como se sentiram ao participar dessa avaliação.

Eureka!
Inicie seu planejamento **levando em conta os dados apresentados**, com o intuito de aumentar o engajamento dos estudantes. Você pode usar um quadro colaborativo digital como o Jamboard ou alguma ferramenta que permita a criação de quadros para inserção dos pontos em uma esfera coletiva e anônima.

7. Roda da autoavaliação

Contexto de aplicação: presencial, *on-line* e híbrido.

Tempo de duração: 10 a 20 minutos.

Nível ou segmento indicado: anos iniciais e finais do ensino fundamental, ensino médio, educação superior, formação docente e ambiente corporativo.

Materiais: canetinhas, computador, *tablets* ou celular e ficha "Roda da autoavaliação".

Objetivo: propiciar que os participantes façam uma avaliação em relação a uma entrega, um trabalho, um período ou mesmo uma experiência.

Momento UAU:

1. Utilizar a "Roda da autoavaliação" é muito simples! Com um diagrama circular, defina os aspectos que precisam ser autoavaliados. Pode ser postura, desempenho, esforço, conhecimento, etc.

2. Com os **critérios de autoavaliação** bem definidos, solicite aos estudantes que avaliem seu nível de conhecimento, apropriação ou aplicação de um determinado tema ou ação utilizando uma escala de 0 a 10. Nesta etapa, o estudante deve atribuir uma nota a cada um dos elementos destacados como essenciais, assinalando com canetinhas coloridas a posição do raio correspondente. Sugira que o estudante se pergunte, por exemplo, "Em uma escala de 0 a 10, que nota eu atribuo para X?" ou "Em uma escala de 0 a 10, que nota eu atribuo para Y?".

3. Assim que os estudantes concluírem a atividade, inicie a reflexão sobre os aspectos avaliados.

Reflexão sobre a experiência: com este recurso, você pode iniciar um diálogo em relação às percepções dos estudantes sobre seu próprio desempenho. É uma excelente ferramenta e uma estratégia para avaliar o comportamento e as atitudes dos estudantes com foco no desenvolvimento das *soft skills*.

Aproveite para sugerir a elaboração de um plano de ação para desenvolver os comportamentos ou outros aspectos em relação às fragilidades identificadas.

Eureka!
Adapte a "Roda da autoavaliação" para várias possibilidades de aplicação. Vou dar um exemplo que aplico bastante: geralmente, em uma formação com professores em que discuto as competências docentes da contemporaneidade, aplico a estratégia, ou seja, listo as competências consideradas

esperadas (ou ideais) e peço que se autoavaliem. Veja um modelo da "Roda da autoavaliação" para *download* no QR Code a seguir.

8. Receita do monstrinho (Só escola, 2023)

Contexto de aplicação: presencial, *on-line* e híbrido.

Tempo de duração: 10 a 20 minutos.

Nível ou segmento indicado: anos iniciais e finais do ensino fundamental, ensino médio, educação superior e formação docente.

Materiais: papel sulfite e canetinhas.

Objetivos: reconhecer as singularidades do trabalho de cada um, bem como a necessidade de comunicação assertiva, além de encorajar os estudantes a liberarem a câmera em casos de aula *on-line*.

Momento UAU:

1. Cada integrante receberá uma folha de papel em branco e materiais para desenho.
2. Você deve dizer que apresentará uma receita para fazer um bom monstrinho. Para isso, os participantes precisarão estar atentos às instruções.
3. Leia cada linha da receita e aguarde em torno de 1 minuto, para que cada informação seja devidamente desenhada pelos participantes.
    a. Uma cabeça redonda e grande.
    b. Um corpo pequeno e coberto de pelos.
    c. Braços compridos com mãos pequenas e garras grandes.
    d. Pernas curtas.
    e. Pés grandes e arredondados.
    f. Olho no meio da testa.

g. Orelhas pontiagudas.

h. Nariz com narinas quadradas.

i. Boca grande com dentes falhados.

4. Ao término do desenho, peça que os estudantes compartilhem os resultados de seus monstrinhos para os demais colegas.

Reflexão sobre a experiência: considerando que esta atividade construtora de habilidades é uma alternativa que proporcionará a reflexão sobre as singularidades do trabalho de cada um ou do grupo, bem como destacará a importância da assertividade da comunicação, você pode levantar questionamentos para reflexão, como: os monstrinhos (ou os desenhos) ficaram iguais? Por que eles não ficaram iguais se todos receberam as mesmas orientações?

Faça os estudantes perceberem que somos únicos, com experiências e trajetórias diferentes, e que podemos produzir resultados incríveis, mas com nossa singularidade respeitada.

Eureka!

Se a ideia de desenhar um monstrinho lhe parece um pouco infantil, sugiro que adapte a descrição. Na Figura 4.12, disponibilizo um modelo que criei

Cabeça grande para guardar toda a inteligência e experiência adquiridas em sua formação e carreira profissional.
Boca grande para comunicar com segurança os conhecimentos e **super-hálito** de sinal *wi-fi* para se conectar com os interesses dos estudantes.
Olhos, orelhas e nariz grandes para sintonizar com as atualizações constantes da sua área de atuação.
Corpo forte e flexível para suportar as mudanças contínuas que impactam o seu trabalho.
Braços grandes e fortes para dominar diferentes recursos tecnológicos que potencializam a aprendizagem.
Pernas longas e pés grandes e arredondados para percorrer caminhos diversos e ter equilíbrio para entender que suas ideias influenciarão o resultado a ser entregue.

Figura 4.12 Descrição da adaptação levando em consideração outras características para aplicação da estratégia "Receita do monstrinho".

para descrição da caricatura digital de um professor. Na Figura 4.13, você pode ver um resultado e, na Figura 4.14, um painel digital onde geralmente disponibilizo os trabalhos para que todos possam ver os resultados dos colegas.

Esta estratégia gera muita reflexão positiva e descontração entre os participantes, visto que a maioria acha que não desenha muito bem. E a ideia é esta mesmo: aproveitar este momento para reforçar a importância de reconhecer nossas singularidades.

Figura 4.13 Um dos trabalhos resultantes da dinâmica aplicada com professores.

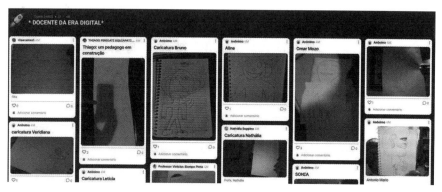

Figura 4.14 Mural colaborativo na ferramenta Padlet da dinâmica aplicada com professores.

9. Sua opinião importa!

Contexto de aplicação: presencial, *on-line* e híbrido.

Tempo de duração: 20 a 30 minutos.

Nível ou segmento indicado: anos iniciais e finais do ensino fundamental, ensino médio, educação superior, formação docente e ambiente corporativo.

Materiais: papel sulfite, notas autoadesivas e canetinhas (ou um quadro digital, caso seja *on-line*).

Objetivo: reconhecer as opiniões dos membros do grupo.

Momento UAU:

1. Cada participante receberá uma folha de papel em branco e materiais para desenho.
2. Apresente aos participantes os temas ou os assuntos que deverão ser apontados. É importante deixá-los escritos de modo evidente em uma lousa ou no *slide* projetado, destacando o motivo ou o contexto em que as opiniões serão levadas em consideração. Um modelo de questão é "Precisamos das opiniões de todos sobre _____ com o objetivo de _____".
3. Assim que todos estiverem cientes do assunto e da natureza, entregue as notas autoadesivas e as canetinhas e solicite que os participantes registrem e compartilhem suas opiniões embaixo do respectivo assunto.
4. Assim que todos contribuírem, busque agrupar ideias semelhantes à esquerda do assunto, separando as opiniões diferentes à direita. Isso criará um mural de pensamentos e opiniões com as ideias mais comuns do lado esquerdo e as ideias mais heterogêneas do lado direito.

Reflexão sobre a experiência: esta estratégia de ativação cria condições de mapear a diversidade de perspectivas da equipe sobre os diferentes assuntos. Vale considerar que as opiniões menos populares não devem ser lidas necessariamente como um equívoco. Na verdade, este é o momento de acolhê-las e aproveitar a pluralidade para ampliar e descobrir novas perspectivas e ideias inovadoras para resolver os problemas em relação ao tema.

Para o fechamento, conduza a reflexão ressaltando os pontos comuns e diferenciadores como algo relevante para a resolução do problema ou do tema. Valorizar e reconhecer as diversidades, as singularidades e as diferentes perspectivas amplia nossa capacidade de pensar e produzir novas ideias. Lembre-se: a mentalidade criativa é o exercício de diferentes possibilidades antes da tomada de decisão.

Eureka!
Uma boa forma de ampliar esta estratégia é questionar se, durante o processo, alguém mudou de opinião, buscando compreender os motivos. Vale destacar a importância de não termos opiniões "escritas em pedras" e de mantermos atenção plena e abertura ao novo.

10. Um dia memorável!

Contexto de aplicação: presencial e *on-line*.

Tempo de duração: 10 a 15 minutos.

Nível ou segmento indicado: anos iniciais e finais do ensino fundamental, ensino médio, educação superior, formação docente e ambiente corporativo.

Materiais: lousa e notas autoadesivas (ou um quadro digital, caso seja *on-line*).

Objetivos: auxiliar os estudantes a se lembrarem de suas prioridades e suas conquistas e se entrosarem em um nível mais profundo.

Momento UAU:

1. Escreva diferentes temas relacionados aos dias ou às experiências do grupo que foram memoráveis, por exemplo: "primeiro dia de aula ou de trabalho", "comemoração da turma ou da equipe", "**último dia de um ciclo**", "viagem da turma", etc. A ideia é registrar os temas mais marcantes durante o ano letivo ou um determinado período.

2. Distribua aos participantes algumas notas autoadesivas e peça que registrem os eventos ou os sentimentos mais marcantes e as realizações favoritas associadas a um ou mais de um desses temas, isto é, que tragam à tona o que têm de mais marcante nas memórias.

3. É fundamental que haja um incentivo para que todos compartilhem as histórias relacionadas aos temas com a equipe e as colem abaixo das notas autoadesivas dispostas na lousa à medida que avançam.

Reflexão sobre a experiência: com os momentos rememorados, vale destacar a importância do esforço e da motivação. Se realmente quisermos que nossos estudantes e os grupos de professores estejam preparados para a experiência transformadora da aprendizagem, devemos gerar a confiança de que os esforços desprendidos durante todo o processo originam resultados positivos.

Um dos requisitos da motivação – principalmente para os alunos que começam com uma atitude cética – é a **confiança**. Fundamentada na neurociência, posso afirmar que o cérebro se sente mais seguro e relaxado quando estamos conectados a um propósito e quando as outras pessoas em quem confiamos nos tratam bem.

Procure realizar o encerramento mostrando a importância do trabalho em equipe, do esforço coletivo e dos bons momentos e destaque os resultados mais importantes. Consolide a dinâmica perguntando aos estudantes quais serão suas futuras conquistas.

Eureka!
Esta é uma excelente estratégia para terminar a semana, um longo dia, uma viagem, um semestre ou um ano letivo. Caso tenha fotos das comemorações, levá-las para a atividade também será muito interessante e agregador. Todavia, se precisar de algo mais "enxuto", peça que os estudantes compartilhem sua memória favorita ou a maior realização dos últimos dias.

ESTRATÉGIAS DE ATIVAÇÃO DE CONSTRUÇÃO DE HABILIDADES PARA O TRABALHO EM GRUPO

1. Meu esforço e minha responsabilidade em um balão!

Contexto de aplicação: presencial.

Tempo de duração: 10 a 15 minutos.

Nível ou segmento indicado: anos iniciais e finais do ensino fundamental, ensino médio, educação superior e formação docente.

Material: balões coloridos.

Objetivo: resolver problemas de forma criativa por meio de exercício empático.

Momento UAU: este é um jogo cooperativo que ajudará os estudantes a entenderem a importância de cada um e de sua colaboração para o sucesso do grupo. É uma excelente dinâmica construtora de habilidades para o trabalho em grupo.

1. Os participantes devem formar um círculo, e cada membro deverá receber um balão de cor diferente. À medida que forem enchendo o balão, afirme que cada sopro representa os nossos esforços para desempenhar as tarefas, as responsabilidades e os problemas que enfrentamos no dia a dia.
2. Cada pessoa deverá encher seu balão e brincar com ele jogando-o para cima, com o objetivo de manter seu próprio balão no ar. Aos poucos, peça que alguns participantes deixem seu balão no ar e se sentem. Essa escolha pode ser feita de acordo com a cor do balão, por exemplo: "Somente balões azuis devem sair do jogo".
3. Os membros que permanecerem deverão se esforçar para manter no ar os próprios balões e os balões dos companheiros que tiveram que sair do jogo. Esse comando deverá ser repetido várias vezes até que os alunos que estão tentando manter os balões no ar se sintam sobrecarregados.
4. Será evidente que os últimos participantes do jogo, por mais que se esforcem, não conseguirão manter todos os balões no ar, e, inevitavelmente, muitos balões cairão no chão! A partir disso, encerre a dinâmica convidando todos para um diálogo sobre a experiência.

Reflexão sobre a experiência: podem ser feitos questionamentos com o intuito de provocar uma reflexão sobre o papel de cada um no resultado. Algumas questões que podem ser levantadas:

- Para quem ficou no centro, o que você sentiu quando percebeu que estava ficando sobrecarregado?
- Para quem saiu do jogo, o que você sentiu?

A ideia é que os estudantes percebam que, ao focar no objetivo, assumir a própria responsabilidade e se esforçar para atingir o resultado, o trabalho em grupo se torna mais produtivo e satisfatório.

Eureka!
Este é o tipo de jogo que considero excelente se você estiver em um *workshop*, em um retiro ou, ainda, se quiser variar um pouco depois de uma longa reunião ou de longos períodos de atividade.

Também aplico a estratégia quando inicio projetos, o ano letivo ou algum trabalho em grupo ou apresento as metas que precisam ser alcançadas na gestão dos times pedagógicos, por exemplo. É incrível como a atividade gera responsabilidade de modo tão descontraído e rápido.

2. Desafio do *marshmallow*

Contexto de aplicação: presencial.

Tempo de duração: 10 a 15 minutos.

Nível ou segmento indicado: anos iniciais e finais do ensino fundamental, ensino médio, educação superior e formação docente.

Materiais: *kit* com 1 *marshmallow*, 20 espaguetes, um metro de fita adesiva, um metro de barbante e uma tesoura pequena para cada grupo.

Objetivos: desenvolver a comunicação em grupo e exercer a dinâmica de liderança, colaboração e inovação, além de oferecer um modo de resolução de problemas.

Momento UAU:

1. Inicie a aplicação com a problematização inicial, informando que o objetivo é construir a torre mais alta possível com pedaços de espaguete e *marshmallows* (Fig. 4.15).
2. Ressalte que o trabalho em equipe é necessário em diversos ramos institucionais, pois a complexidade dos problemas e a rapidez das mudanças não permitem mais que os problemas sejam resolvidos por apenas um indivíduo.
3. Na sequência, divida os estudantes em grupos de 4 a 6 pessoas. Vale destacar a importância de, neste momento, abandonar o celular ou outros tipos de material que possam captar a atenção.
4. Leia as instruções a seguir para todas as equipes ao mesmo tempo:
    a. Cada equipe terá 18 minutos para construir a estrutura mais alta possível usando os materiais fornecidos.

Figura 4.15 Torre de macarrão com *marshmallow*.
Fonte: Rainbow_bow7/Shutterstock.com.

    b. O *marshmallow* deverá ser anexado ao topo da estrutura construída.

    c. Após 18 minutos, a altura de cada estrutura será medida, e será avaliado se ela continuará de pé com o *marshmallow* no topo.

    d. A equipe vencedora será aquela que construir a estrutura autônoma mais alta.

    e. A estrutura não deverá ser apoiada em qualquer outro objeto que não sejam os distribuídos às equipes (espaguete, fita adesiva e barbante).

    f. É possível utilizar a quantidade que desejar de material distribuído. É permitido quebrar os espaguetes e cortar o barbante ou a fita adesiva. O *marshmallow* deverá estar inteiro.

    g. As equipes não poderão tocar na estrutura ao final dos 18 minutos. Só é permitido manusear a estrutura até o término do tempo do desafio.

5. Responda a quaisquer perguntas que as equipes possam fazer e avise aos grupos que o desafio iniciará em 30 segundos. Após, inicie a atividade e fique atento ao trabalho das equipes para assegurar que

elas estejam seguindo as regras do jogo. **Lembre-os de que o *marshmallow* deverá estar no topo da estrutura e que a estrutura em si deverá estar livre quando a atividade terminar.**

6. Inicie a contagem do tempo com um cronômetro, preferencialmente *on-line* e visível, e informe às equipes quando o tempo tiver esgotado.
7. Assim que encerrar o tempo e com o auxílio de uma trena, meça a altura vertical das torres e declare o vencedor, ou seja, o grupo que conquistar a metragem mais alta.

Reflexão sobre a experiência: com a finalização da atividade, comente sobre os principais pontos relacionados à liderança e ao trabalho em equipe. Procure levantar questões como:

1. Houve um líder em sua equipe? Quem foi e quem decidiu quem seria o líder?
2. Se a equipe não teve um líder, vocês acham que a designação de alguém como líder teria ajudado?
3. Se sua equipe teve um líder, como ele agiu? Das práticas de liderança que aprendemos até agora, quais seu líder usou?
4. Qual a utilidade de todos contribuírem para o trabalho em equipe para superar o desafio? Alguém pareceu ser um especialista?
5. Vocês estabeleceram um planejamento para a execução? O planejamento ajudou na construção desse protótipo? Vocês veem alguma vantagem em criar protótipos e fazer experimentos sucessivos para aprender durante o processo de construção?
6. Algum membro da equipe se desligou da atividade por frustração com outros membros ou por outro motivo? O que vocês poderiam ter feito para manter todos os membros do grupo totalmente comprometidos?
7. Vocês perceberam se as ideias de todos foram bem recebidas durante a atividade?
8. Como vocês se sentiram quando o limite de tempo se aproximava? A pressão aumentou? Se sim, isso foi útil ou não?
9. Em retrospecto, o que vocês poderiam ter feito para melhorar sua capacidade de enfrentar o desafio?

10. Vocês praticaram o *outsight* (a perspectiva externa a que todos podem ter acesso quando se envolvem em novas experiências)? De onde poderão surgir novas ideias?
11. Vocês comemoraram as pequenas vitórias? Se sim, como fizeram isso?

Após a discussão, mostre aos participantes o vídeo do YouTube sobre o Desafio do *Marshmallow* (WUJEC, 2011) – você deve aproveitar a oportunidade para incentivá-los a se dedicarem a todas as disciplinas, para que desenvolvam competências técnicas e comportamentais e estejam preparados para enfrentar os desafios do futuro. Finalize elogiando as iniciativas dos grupos e informe que o próximo passo será aprofundar os conhecimentos e ler um pouco mais sobre iniciativas empreendedoras realizadas no Brasil e no exterior.

Eureka!

Caso tenha tempo, repita a atividade modificando (ou não) os grupos com o intuito de manter a atenção no comportamento em equipe e refletir sobre os resultados posteriores. Vale destacar que o Desafio do *Marshmallow* foi criado por Tom Wujec, que realizou a atividade com centenas de grupos em todo o mundo. Você pode usar o *site* do Desafio do *Marshmallow* para compartilhar mais informações: https://www.tomwujec.com/.

3. Torre da confusão (BAIA, 2019)

Contexto de aplicação: presencial.

Tempo de duração: 20 a 30 minutos.

Nível ou segmento indicado: ensino médio, educação superior e formação docente.

Materiais: lousa, notas autoadesivas, 10 peças coloridas de LEGO® (ou outro jogo semelhante), preferencialmente com o mesmo tamanho e formato, e uma regra especial para cada um dos membros.

Objetivos: auxiliar os estudantes a se lembrarem de suas prioridades e suas conquistas e a se entrosarem em um nível mais profundo.

Momento UAU:

1. Inicie a atividade informando que o objetivo é que todos construam em equipe uma torre de LEGO® (Fig. 4.16).

2. Divida o grupo em até seis participantes, disponibilize as peças e entregue uma regra especial para cada membro.
3. Com relação às regras, a única orientação é que cada um dos integrantes deverá receber uma folha secreta, que não poderão mostrar para ninguém, o que não significa que não poderão falar com os demais, com as instruções de como a torre deverá ser construída, por exemplo:
   - Participante 1: sua torre deverá ter oito andares.
   - Participante 2: sua torre deverá ser construída com blocos azuis e brancos.
   - Participante 3: sua torre deverá ser construída com blocos azuis.
   - Participante 4: sua torre deverá conter pelo menos 20 blocos.
   - Participante 5: sua torre deverá ter três sequências separadas de três blocos vermelhos.
   - Participante 6: a última linha de sua torre deverá ser mais baixa.
4. Disponibilize 10 minutos para a atividade.

Vale destacar que nenhuma das regras impede que as outras se realizem; no entanto, todos terão que escutar o que os outros têm a dizer para que a torre seja completada conforme as instruções, sem falhas. Caso isso não ocorra, o jogo não poderá acontecer.

Reflexão sobre a experiência: falhas na comunicação resultam na desmotivação dos estudantes, na recorrência de retrabalho, no baixo desempenho e, consequentemente, em um menor desempenho no aprendizado ou na execução das atividades. Nesse sentido, inicie a reflexão sobre o momento em que compreenderam que poderiam se comunicar melhor tendo em vista o resultado.

Encoraje-os a refletir sobre o fato de que a falta de comunicação pode se tornar um grande desagregador no espaço escolar. Questione se o grupo sente que falta alguma coisa para os estudantes e se eles entendem algo diferente: vocês perceberam que, durante o trabalho em grupo, pode ocorrer uma certa tensão entre os estudantes? A frequência de desentendimento está muito alta? Esses e outros cenários podem ser causados pela falta de qualidade na comunicação.

Figura 4.16 Modelo de torre da confusão com peças de montar coloridas.
Fonte: Photock/Shutterstock.com.

Vale finalizar afirmando que, mesmo que sejam profissionais da mesma área ou de setores diferentes, é fundamental que os participantes sejam capazes de se comunicar de forma clara e objetiva entre eles, e isso também vale para o trabalho em grupo.

Eureka!
A "Torre da confusão" é uma dinâmica que pode ser aplicada em momentos longos e pesados das aulas, em momentos de formação, em uma reunião mais desafiadora que exija uma pausa, oxigenação ou descompressão ou mesmo em um momento lúdico e divertido.

Além disso, fusões e mudanças na forma de conduzir algum processo requerem não somente alinhamento, mas também a capacidade de adaptação dos colaboradores. Entender que todos estão no mesmo barco e que podem contar uns com os outros facilita esse processo.

4. Minha força vem do time

Contexto de aplicação: presencial ou *on-line*.

Tempo de duração: 10 a 15 minutos.

Nível ou segmento indicado: anos finais do ensino fundamental, ensino médio, educação superior e formação docente.

Materiais: folha de *flip-chart*, lousa (ou um quadro digital, caso seja *on-line*) e um conjunto de palavras aleatórias ou sobre um tema (p. ex., livro, estudante, carteira, cadeira, etc.).

Objetivo: fortalecer o trabalho em equipe como uma abordagem colaborativa, e não individualizada.

Momento UAU:

1. Organize a turma em um semicírculo e deixe os materiais à mostra em um local ao qual os estudantes tenham fácil acesso.
2. O primeiro participante deverá receber um cartão com o nome de um objeto; por exemplo, "árvore". O participante, então, será convidado a desenhar o objeto na folha de *flip-chart*, com tempo de 30 segundos a 1 minuto.
3. Assim que o participante terminar ou quando seu tempo acabar, ele deverá sair e se sentar, e o próximo participante deverá se aproximar e adicionar elementos ao *design*, com a ideia de ir completando o desenho com base na palavra do cartão.
4. A dinâmica deverá seguir de modo que todos os participantes tenham adicionado elementos ao *design*.
5. Ao final, mostre o trabalho realizado por todos.

Reflexão sobre a experiência: promova uma reflexão sobre como o trabalho individual é enriquecido com a colaboração de todos, gerando obras de arte dignas de pendurar. Recomenda-se que o projeto final seja fixado em uma parede ou em um quadro dentro do espaço.

Abra espaço para o grupo se posicionar em relação ao esforço, às entregas e aos resultados coletivos e comente que ideias brilhantes não surgem em um piscar de olhos. Mencione que, quando a responsabilidade de pensar criativamente recai sobre uma só pessoa, o processo pode demorar muito mais tempo e até causar estresse.

Eureka!
Assim como a mudança de ambiente pode inspirar novas ideias, colocar uma música de fundo pode favorecer o processo criativo. Dessa forma, considere tocar um pouco de música durante a realização dos desenhos. Certifique-se de que a música seja instrumental e com andamento e volume estáveis para melhores resultados. Outra dica interessante é deixar o *flip-chart* posicionado de modo que os estudantes não possam vê-lo coletivamente e mostrá-lo somente ao término.

5. O combinado não sai caro!

Contexto de aplicação: presencial ou *on-line*.

Tempo de duração: 10 a 20 minutos.

Nível ou segmento indicado: anos finais do ensino fundamental, ensino médio, educação superior e formação docente.

Materiais: uma folha sulfite com a escrita "O combinado não sai caro" para cada participante (tamanho A4) e para cada grupo (tamanho A3), canetinhas e notas autoadesivas.

Objetivo: estabelecer normas e valores de grupo.

Momento UAU:

1. Esta é uma dinâmica de ativação para ser aplicada antes de um novo projeto, um desafio ou uma atividade mais prolongada realizada em grupo. Para começar, entregue a ficha "O combinado não sai caro" em formato A4 com duas categorias, "significativo" e "agradável", e pergunte aos estudantes o que consideram ser necessário para alcançar esses dois pontos durante a concretização de um novo projeto.

2. Vale destacar qualquer aspecto que deva estar presente nas relações, desde pausas controladas e foco no resultado até transparência e honestidade.

3. A primeira fase deve ser realizada individualmente, em um tempo de 3 a 5 minutos, para que os membros do grupo possam escrever as

palavras-chave referentes às categorias mencionadas. A ideia é que, na segunda fase, essas palavras-chave sejam a base para a discussão dos combinados do grupo.
4. Com a primeira fase realizada individualmente, é o momento de debater e refinar as ideias iniciais, agora em grupo, de modo que todos consigam alinhar as ideias com as quais todos concordam, classificando-as em *significativas* e *agradáveis*.
5. Por se tratar de um refino, pode-se atribuir um tempo maior para que o grupo possa debater e encontrar os pontos comuns. Neste momento, vale entregar uma nova ficha "O combinado não sai caro" em formato A3 para representar o grupo.
6. As palavras-chave devem ser registradas como uma espécie de código de conduta entre os pares, funcionando como um lembrete para que a equipe defenda esses valores.

Reflexão sobre a experiência: ao estabelecer normas e valores desde o início do trabalho em grupo, é gerado o sentimento de responsabilidade, criando um senso de coesão e captando a opinião de todos. Feche a atividade reforçando a importância de estar em sintonia com o grupo e de seguir os combinados estabelecidos.

Essas regras estabelecidas são muito úteis em momentos em que é necessário analisar uma ideia sob diferentes ângulos ou examinar um problema mais a fundo.

Eureka!
Caso queira usar a dinâmica com grupos com os quais já vem trabalhando ou mesmo se quiser apaziguar ou reforçar as relações entre os pares, convide os participantes para pensar sobre qual seria seu "desejo mágico". Em um papel sulfite, os participantes deverão escrever ou desenhar a seguinte pergunta: se vocês tivessem um desejo mágico e pudessem realizar três pedidos em relação aos resultados do projeto, o que pediriam?

Depois de alguns instantes, todos que quiserem poderão compartilhar seus desejos mágicos. Pergunte sobre os aspectos que os participantes não podem mudar e, depois, como fariam para mudar aquilo que podem. No final, aborde seus sentimentos e suas ideias sobre o que é importante no relacionamento em grupo, discuta e avalie com eles como ficariam as mudanças propostas pelos desejos mágicos.

6. Aprenda a delegar! (BAIA, 2019)

Contexto de aplicação: presencial.

Tempo de duração: 15 a 20 minutos.

Nível ou segmento indicado: anos iniciais e finais do ensino fundamental, ensino médio, educação superior e formação docente.

Materiais: pedaço de papel quadrado de tamanho pequeno, médio ou grande e canetinha preta.

Objetivo: ensinar a importância e a melhor maneira de delegar uma tarefa.

Momento UAU:

1. Divida os estudantes em dois grandes grupos: time 1 e time 2.
2. Em um dos times, cada participante receberá uma folha de instruções (Fig. 4.17) sobre como fazer uma cabeça de cachorro de

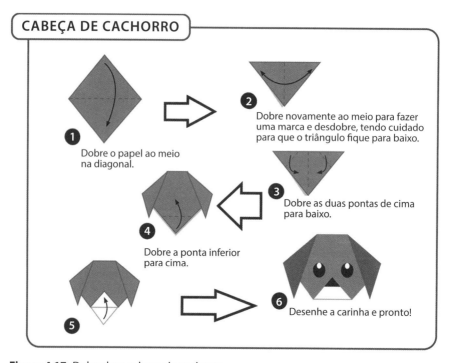

Figura 4.17 Dobradura cabeça de cachorro.

origami e o material necessário, enquanto o segundo time aguarda sua vez.

3. Estabeleça um tempo de 3 a 5 minutos para que os membros do time possam realizar a atividade seguindo as instruções da folha. Para esta etapa, os participantes deverão estar de costas para o time 2, de modo que os demais não saibam o que estão fazendo.

4. Ao finalizar a atividade, recolha a folha de instrução, partindo do princípio de que os membros já aprenderam a atividade.

5. Na sequência, o outro time receberá apenas o pedaço de papel quadrado e a caneta preta para desenhar os detalhes. Em hipótese alguma o time poderá receber a folha com as instruções.

6. Agora que o time 1 já aprendeu a realizar a atividade (o *origami*), cada participante deverá ficar atrás de cada um dos membros do time 2, que, por sua vez, estarão sentados na frente de uma mesa para conseguir realizar a dobradura.

7. Nesta fase, o objetivo de cada membro do time 1 é conseguir passar as instruções verbais para algum membro do time 2.

8. Destaque o fato de que o time que estiver delegando a atividade não poderá tocar no papel, realizar desenhos ou oferecer qualquer outra ajuda além de passar verbalmente as instruções.

Reflexão sobre a experiência: certamente, esta estratégia de ativação renderá muitos momentos engraçados, pois nem todos conseguirão realizar a dobradura. Aproveite para questionar os estudantes sobre a importância de delegar uma tarefa com clareza na comunicação e a expectativa.

Vale aproveitar este momento para esclarecer que **delegar tarefas** é algo muito comum entre líderes, gestores e pessoas que estão sempre à frente de projetos, embora nem todos saibam como executar determinada tarefa de maneira correta. Questione como os participantes se sentiram e o que aprenderam com a experiência e finalize reforçando que delegar tarefas é diferente de transferir a responsabilidade.

Dialogue sobre o fato de que a maioria das pessoas não ouve com a intenção de entender, mas com a intenção de responder. Sem uma escuta cuidadosa, um propósito compartilhado claro e uma sensação de que a tarefa ou a atividade deve contribuir para nosso entendimento coletivo e individual, não estamos realmente obtendo o que deveríamos.

Eureka!
O aprendizado relevante sempre começa com uma visão clara e um propósito firme. Se as pessoas tentarem exigir ou cobrar o outro para compensar uma falta de clareza sobre seu conteúdo, a lição não irá funcionar. É preciso dar orientações claras sobre o que se espera e qual o propósito de cada tarefa.

7. Valores

Contexto de aplicação: presencial ou *on-line*.

Tempo de duração: 10 a 15 minutos.

Nível ou segmento indicado: ensino médio, educação superior e formação docente.

Materiais: papéis retangulares e canetinhas (ou alguma ferramenta de quadro branco como o Jamboard, caso seja *on-line*).

Objetivo: estabelecer valores éticos para orientar as relações de um grupo.

Momento UAU:

1. Peça que cada grupo dialogue sobre os **seis valores** que consideram fundamentais em seu meio.
2. Entregue para cada grupo seis tiras de papel em formato retangular ou folhas e canetas.
3. Oriente os participantes para que cada valor eleito seja escrito em uma das tiras.
4. Na sequência, os participantes deverão selecionar, em equipe, o **valor prioritário**, **dois valores muito importantes** e **três valores importantes**. Ao escolher a ordem de importância dos valores, os participantes deverão montar uma pirâmide como no exemplo apresentado na Figura 4.18.
5. Disponibilize 15 a 30 minutos para que todos possam realizar a tarefa.
6. Ao término, crie um espaço para o compartilhamento dos resultados da pirâmide de cada um dos grupos, atribuindo 1 minuto para a exposição de suas prioridades.

Reflexão sobre a experiência: refletir sobre valores éticos com o intuito de deixar claro quais princípios orientarão os valores auxilia a fortalecer as

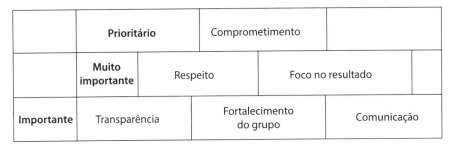

Figura 4.18 Resultado: valores do grupo.

relações entre os membros do grupo. Para que qualquer objetivo seja alcançado, é necessário que os valores sejam respeitados; caso contrário, não vale a pena a conquista, ou seja, os resultados a serem entregues.

Eureka!
Caso tenha tempo e considere relevante, você poderá expor os resultados das pirâmides de cada um dos grupos, com o intuito de selecionar os valores mais identificados e, assim, construir uma superpirâmide, ou seja, entre todos os trabalhos, você poderá selecionar os seis valores mais importantes como um todo e reforçar a aplicação destes por meio de combinados estabelecidos.

8. Seja um encorajador!

Contexto de aplicação: presencial.

Tempo de duração: 10 a 15 minutos.

Nível ou segmento indicado: ensino médio, educação superior e formação docente.

Materiais: dez moedas e um cartão com um círculo pintado no meio.

Objetivo: demonstrar a importância do encorajamento por meio do efeito pigmaleão.

Momento UAU: no contexto da psicologia, o efeito pigmaleão explica que quanto maiores as expectativas que se tem em relação a uma pessoa, melhor é seu desempenho. Na prática, isso significa que, se acreditarmos piamente em algo, poderemos ter ou ser aquilo. É a ideia de **ser antes de ter** com base no pensamento positivo.

Para realizar esta dinâmica, apresente o efeito pigmaleão. Você deverá solicitar dois voluntários e orientá-los a sair do local ou da sala de aula em que estão para que a dinâmica possa ser explicada aos demais colegas. Com os voluntários fora do espaço coletivo, os participantes deverão ser subdivididos em dois grupos, com a seguinte regra:

- **Grupo 1:** deverá receber bem o voluntário e, durante a realização da dinâmica, incentivá-lo e motivá-lo para que consiga realizar o objetivo.
- **Grupo 2:** deverá receber o voluntário com indiferença, agindo de modo neutro, sem empolgação ou motivação alguma, apenas deixando o voluntário tentar realizar a atividade.

Convide o primeiro voluntário e o oriente a realizar a seguinte tarefa: "Tente acertar uma bolinha de papel no círculo central do cartão a cerca de dois metros de distância". Na sequência, convide o segundo voluntário para realizar a mesma tarefa, no entanto, em um grupo mais indiferente. Chame novamente os dois voluntários e inicie a reflexão.

Reflexão sobre a experiência: geralmente, a pessoa mais encorajada consegue atingir maiores conquistas. No entanto, independentemente dos resultados atingidos, deve-se focar nos sentimentos dos voluntários durante a reflexão.

Assim, inicie a reflexão dizendo aos estudantes que talvez eles não saibam, mas um **contexto correto** pode gerar pessoas de sucesso. Isso é o que chamamos de **efeito pigmaleão** (Fig. 4.19). O efeito pigmaleão é um conjunto de comportamentos caracterizados pela confiança em si mesmo que direciona atitudes e motivações para a execução e a conquista de projetos pessoais, familiares ou profissionais escolhidos para a vida.

Se o professor ou o gestor não acredita na pessoa, como resultado, ela será menos propensa a buscar atingir algum objetivo. Mostre a imagem a seguir e ajude os participantes a concluir como as expectativas (positivas ou negativas) são capazes de influenciar os resultados.

Vale uma reflexão: as expectativas devem ser geradas e encorajadas a partir daquilo que a pessoa consegue realizar. Exagerar no estabelecimento de grandes expectativas, em especial sobre algo inatingível, pode criar muitas frustrações. Estabelecer propósitos e metas é importante para que as pes-

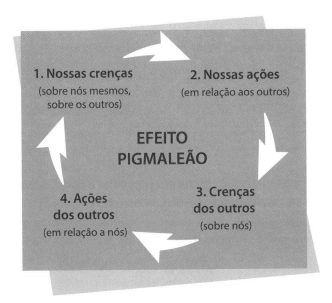

Figura 4.19 Efeito pigmaleão.

soas descubram suas reais motivações; então, a dica de ouro é: o bom senso nunca deve ser revogado.

Eureka!
A motivação vem da crença de que é possível atingir determinados resultados e ser o que se sonha, ou seja, explica o motivo pelo qual pessoas altamente motivadas e focadas concatenam seus esforços e suas energias para realizar seus propósitos, diferentemente daqueles que são inspirados apenas superficialmente por estímulos externos e passageiros.

Se quiser optar pelo aprofundamento desta dinâmica, vale ler ou selecionar algum vídeo que explique o efeito pigmaleão para o grupo, como este: https://www.youtube.com/watch?v=GrygFyXeqgc.

9. Círculos partidos

Contexto de aplicação: presencial.

Tempo de duração: 15 a 30 minutos.

Nível ou segmento indicado: ensino médio, educação superior e formação docente.

Material: *kit* de quebra-cabeça.

Objetivo: aprender a responder às necessidades do grupo.

Momento UAU: a dinâmica "Círculos partidos" foi adaptada a partir da obra *Planejando o trabalho em grupo: estratégias para salas de aula heterogêneas* (COHEN; LOTAN, 2017) e se trata de um exercício que auxilia os membros de um grupo a compreenderem a importância de estarem atentos às necessidades dos demais membros tendo em vista o foco nos resultados.

Divida a turma em grupos de três a seis pessoas e entregue um envelope com diferentes peças do círculo para cada membro. O objetivo é que cada membro do grupo complete o círculo como se fosse um quebra-cabeça (Fig. 4.20; um modelo está disponível para *download* no QR Code a seguir).

Para que esse objetivo seja alcançado, **algumas peças devem ser trocadas entre os membros**. Não é permitido que os membros do grupo con-

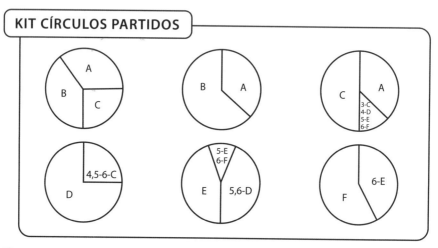

Figura 4.20 Círculos partidos.

versem ou peguem as peças do envelope de outra pessoa, apenas que doem suas peças, uma de cada vez. Você deverá passar as seguintes instruções para os grupos:

1. Cada membro receberá um envelope contendo duas ou três peças do *kit* "Círculos partidos".
2. O envelope só poderá ser aberto após o comando.
3. O grupo só finalizará o desafio quando todos tiverem finalizado o círculo.
4. O desafio deverá ser concluído em completo silêncio, sem conversas.
5. Os membros não poderão apontar ou fazer sinais para outros jogadores de nenhuma forma.
6. Cada um deverá construir seu próprio círculo. Dessa forma, ninguém poderá dizer para um jogador como construir seu círculo ou construí-lo para ele.
7. Este é um exercício sobre doação! Não é permitido retirar uma peça de outro jogador, mas dar suas peças, uma de cada vez, para qualquer membro de seu grupo. Outros membros do grupo podem dar peças para os demais.
8. Além disso, uma peça não pode ser colocada no quebra-cabeças de outra pessoa; os jogadores devem completar seus próprios quebra-cabeças. Em vez disso, entregue a peça a outro jogador ou a coloque ao lado das outras peças, na frente dele.
9. Sabendo das regras, retire as peças de seu envelope e coloque-as em sua frente, com o lado colorido voltado para cima. Essa é uma tarefa em grupo que deverá ser concluída em 8 minutos.
10. A tarefa não terminará até que todos tenham um círculo completo. Quando todos tiverem terminado, levantem as mãos.

Reflexão sobre a experiência: quando todos os grupos tiverem completado a tarefa ou o tempo tiver acabado, ajude os participantes a identificar coisas importantes que tenham ocorrido, a analisar por que elas ocorreram e a generalizá-las para outras situações de aprendizagem do grupo. As questões a seguir podem servir como guia para o diálogo reflexivo após o desafio:

- Em sua opinião, qual é o objetivo desse jogo?
- Como você está se sentindo em relação ao que ocorreu em seu grupo hoje?
- O que você fez em seu grupo que lhe ajudou a resolver o problema?
- O que você fez que tornou essa resolução mais difícil?
- O que os grupos poderiam fazer melhor no futuro?

Durante a discussão, certifique-se de retornar a dois comportamentos-chave que tornam um grupo bem-sucedido: preste atenção ao que os outros membros do grupo precisam e não finalize a atividade até que todos tenham acabado. Destaque quando os grupos relatarem esses tipos de comportamento ou quando decidirem que esses comportamentos os ajudarão a ter um melhor desempenho no futuro. Ajude os participantes a serem concretos com o que realizaram e resuma as implicações gerais do que eles fizeram e das lições que aprenderam para o futuro.

Eureka!
Realize uma rodada-teste para que todos compreendam bem as regras. Na segunda vez, realize a rodada de forma válida.

10. Gratitude

Contexto de aplicação: presencial.

Tempo de duração: 10 a 15 minutos.

Nível ou segmento indicado: anos iniciais e finais do ensino fundamental, ensino médio, educação superior e formação docente.

Materiais: pote transparente, pedaços de papel quadrados e coloridos e canetinha preta.

Objetivo: atribuir valor às conquistas coletivas e individuais.

Momento UAU:

1. Para finalizar um projeto, uma tarefa ou um desafio realizado em grupo, é importante criar um momento para agradecer as conquistas e os aprendizados. Para isso, reúna os estudantes e entregue um pote transparente para cada grupo (isso pode ser feito com toda a sala de aula).

2. Na sequência, peça que os estudantes registrem nos papéis motivos que geraram valor, aprendizados, conquistas, valores, etc., ao longo de um período.
3. Solicite que o grupo comente esses resultados e os motivos pelos quais resolveram agradecer. À medida que os participantes compartilharem os sentimentos de gratidão, eles devem escrevê-los nos papéis e colocá-los no "Pote da gratidão" (Fig. 4.21).

Reflexão sobre a experiência: promova a reflexão da experiência explicando o significado da palavra "gratidão". A palavra é derivada do latim *gratia*, que significa graça ou favor (dependendo do contexto), a *"ação de reconhecer ou prestar reconhecimento (a alguém) por uma ação e/ou benefício recebido"*.

Cada experiência pela qual você passa é uma oportunidade de aprendizado. Vale a pena ser grato pelo conhecimento – e você está adquirindo-o ao trabalhar em grupo. Colocar atenção e energia nas coisas que você aprecia e aprende transforma o cotidiano, por isso; esta atividade é muito importante.

A gratitude – atitude de gratidão – auxilia no ato de concentrar sua atenção e sua energia nas coisas que você admira em sua experiência, tornando-as uma parte ativa de sua consciência. Quando você é capaz de reconhecer as coisas boas em uma parte mais ativa do cotidiano, apreciando-as em um nível mais profundo, toda a sua experiência se torna melhor, e as coisas negativas tendem a não incomodar tanto.

Figura 4.21 Pote da gratidão.
Fonte: Ana Maria Tegzes/Shutterstock.com.

Eureka!
Para dar um *up* na atividade, o grupo pode decorar o "Pote da gratidão" coletivamente. Outra sugestão é escolher algum membro que se destacou no grupo para entregar o "Pote da gratidão" como algo simbólico. Você pode ainda sortear o representante que ficará com o "Pote da gratidão".

ESTRATÉGIAS DE PLANEJAMENTO, ESTABELECIMENTO DE METAS E PRODUTIVIDADE

1. Cápsula do tempo virtual

Contexto de aplicação: presencial, *on-line* e híbrido.

Tempo de duração: 15 a 20 minutos.

Nível ou segmento indicado: anos finais do ensino fundamental, ensino médio, educação superior e formação docente.

Materiais: papel sulfite e canetinhas ou aplicativo FutureMe.

Objetivo: estabelecer os resultados que se pretende atingir por meio da definição de metas, propósitos ou intenções.

Momento UAU:

1. Inicie a atividade convidando os estudantes para refletir sobre seu momento atual, suas conquistas e seus desafios e, na sequência, visualizar um cenário de 30, 60 ou 90 dias, por exemplo, estabelecendo o que se pretende alcançar.

2. Em seguida, solicite que produzam um texto com uma **mensagem para o futuro** para construir a cápsula. A cápsula nada mais é que uma caixa ou um envelope que reúna as cartas dos estudantes.

3. Oriente que, para a produção da mensagem, cada participante deverá colocar no papel um pouco sobre o que faz no momento, apresentando os resultados que pretende atingir, bem como as habilidades que precisa desenvolver.

4. Recolha as cartas para entregar na data marcada (final de um bimestre ou de um semestre) ou use o aplicativo FutureMe (Fig. 4.22). Ao optar pelo aplicativo, peça que o estudante registre a mensagem e a programe para o dia em que pretende recebê-la.

Figura 4.22 Aplicativo FutureMe.
Fonte: FutureMe (2023, documento *on-line*).

5. Na data marcada, devolva as cartas aos membros da equipe e analise os resultados com todos. Neste momento, é importante parabenizar as conquistas de cada um e programar novas ações para os pontos que ainda necessitam de melhorias. Você também pode pedir que alguns estudantes compartilhem seus resultados.

Eureka!
Levando em consideração que esta é uma excelente dinâmica para promover o aumento da produtividade e da motivação pessoal, a cápsula pode conter mensagens individuais, mas também coletivas. Inclusive, você também pode considerar fazer uma única carta de forma colaborativa.

2. Mudança necessária

Contexto de aplicação: presencial, *on-line* e híbrido.

Tempo de duração: 10 a 20 minutos.

Nível ou segmento indicado: ensino médio, educação superior e formação docente.

Materiais: notas autoadesivas, canetinhas ou lápis de cor e papel sulfite (ou alguma ferramenta de quadro branco como o Jamboard, caso seja *on-line*).

Objetivo: refletir sobre a necessidade de mudança de algo.

Momento UAU:

1. Dobre o papel sulfite ao meio.
2. De um lado da folha, oriente os estudantes a desenharem qualquer coisa que costumavam desenhar quando eram crianças.
3. Do outro lado da folha, peça que refaçam o mesmo desenho, mas desta vez de forma diferente. O objetivo da segunda etapa é melhorar o primeiro desenho aplicando mudanças na execução da representação.
4. Para cada uma das etapas, é importante disponibilizar o tempo de uma música. Geralmente, uma música instrumental com 3 a 4 minutos. Destaca-se que faz parte do processo criativo não identificar o tempo exato, informando apenas que os estudantes terão o tempo de uma música.
5. Com o término das representações, peça que os estudantes reflitam sobre a experiência e respondam: "Como foi ser desafiado a fazer algo totalmente diferente do que vocês costumavam fazer?".
6. Para esta etapa, você poderá usar notas autoadesivas para compor os desenhos ou quadros como o Jamboard, caso seja *on-line*, para reunir as percepções. Veja um exemplo real das percepções da dinâmica na Figura 4.23.

Reflexão sobre a experiência: para o fechamento da atividade, promova uma reflexão sobre a necessidade de mudança a partir dos próprios comentários dos estudantes. A ideia é fortalecer a crença de que mudar exige planejamento, cuidado, gestão e acompanhamento, mas que é algo gratificante e necessário.

Eureka!
Utilize uma música instrumental agradável e calma durante o momento criativo, se for presencialmente. Enquanto os estudantes produzem, observe-os e estimule-os. Ao término, tire um *print* ou uma fotografia de todos com os desenhos e as reflexões.

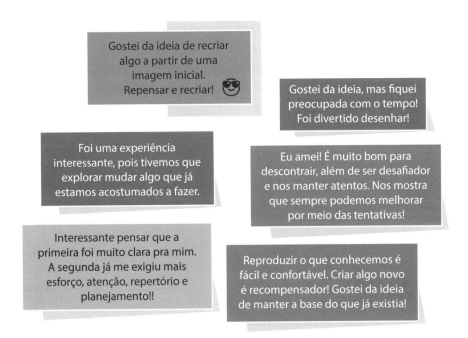

Figura 4.23 Comentários dos professores que participaram da dinâmica.

3. Portfólio da boa prática

Contexto de aplicação: presencial e *on-line*.

Tempo de duração: 20 a 40 minutos.

Nível ou segmento indicado: ensino médio, educação superior e formação docente.

Materiais: formulário "Boa prática" e notas autoadesivas.

Objetivo: ampliar o repertório dos estudantes a partir de boas práticas sobre um tema ou um assunto abordado.

Momento UAU:

1. Inicialmente, entregue o formulário, disponível para *download* por meio do QR Code a seguir, para os estudantes ou para o grupo e solicite o registro da boa prática em 5 a 8 minutos.
2. Na sequência, peça que o grupo apresente o conteúdo registrado.

3. Após as breves apresentações, e ainda em grupo, analise junto com os estudantes a experiência e as razões de seu sucesso por meio de uma discussão sobre a prática que melhor se destaca.
4. Ao término da atividade, reúna todos os formulários em um portfólio e o disponibilize a todos.

Reflexão sobre a experiência: qualquer ambiente de trabalho que almeje ampliar seu desempenho e obter melhores resultados nos mais diferentes aspectos precisa incentivar que as boas práticas entre as pessoas sejam compartilhadas.

Vale fechar a atividade explicando que esta prática melhora o relacionamento entre os membros do corpo docente, inclusive entre os professores e os gestores, evitando retrabalho durante o processo, além de potencializar a inovação, gerando melhorias nos resultados das instituições de ensino em diversos aspectos. Os educadores precisam estar abertos a compartilhar, mas a escola também deve oferecer as ferramentas corretas para que esses profissionais possam trocar experiências, informações e conhecimentos.

Eureka!
Uma sugestão para otimizar a atividade é fazer perguntas para conhecer mais detalhes ou esclarecer algum aspecto da apresentação da boa prática. Ao terminar, responda as perguntas feitas pelo grupo.

4. Starbursting

Contexto de aplicação: presencial e *on-line*.

Tempo de duração: 20 a 40 minutos.

Nível ou segmento indicado: ensino médio, educação superior e formação docente.

Materiais: formulário *"Starbursting"*, notas autoadesivas e papel sulfite (ou algum quadro branco como o Jamboard ou o Conceptboard, caso seja *on-line*).

Mentalidade criativa **113**

Objetivo: gerar resolução de problemas ou tomada de decisões, ajudando na compreensão mais profunda em relação à proposta de solução apresentada.

Momento UAU:

1. Inicie a atividade apresentando um problema ou um caso e solicite que os estudantes criem uma proposta de solução. Vale destacar que toda proposta de solução, alternativa apresentada ou projeto deve começar com a formulação de uma ideia. Para compreender todos os elementos relacionados e fazer as perguntas adequadas, a estratégia "*Starbursting*" investiga soluções, colocando questões sobre elas.

2. Assim que os estudantes chegarem a uma ideia, solicite que a escrevam no centro de um quadro branco ou de um papel sulfite e desenhem uma estrela de seis pontos ao seu redor – cada ponta

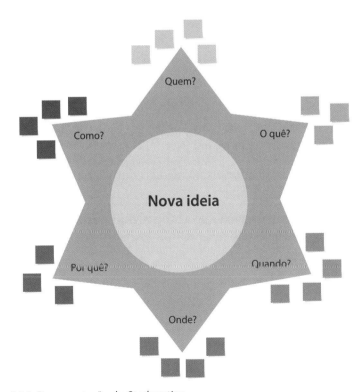

Figura 4.24 Representação do *Starbursting*.

representará uma pergunta (Fig. 4.24; um modelo está disponível para *download* no QR Code a seguir).

Reflexão sobre a experiência: proponha que os estudantes analisem cada uma das perguntas relacionadas à ideia ou à proposta de solução apresentada. Esta dinâmica ajudará a explorar cenários possíveis ou a detectar obstáculos que podem surgir e que não foram considerados antes.

Eureka!
Uma variação desta técnica é a aplicação dos cinco porquês. Desafie os estudantes a fazer perguntas começando com "por que" sobre um tópico ou uma ideia pelo menos cinco vezes, a fim de analisarem os novos problemas que surgem e, o que é mais importante, se auto-observarem.

5. *Gap filling*

Contexto de aplicação: presencial e *on-line*.

Tempo de duração: 20 a 40 minutos.

Nível ou segmento indicado: ensino médio, educação superior e formação docente.

Materiais: papel e notas autoadesivas (ou algum quadro branco como o Jamboard ou o Conceptboard, caso seja *on-line*).

Objetivo: definir um conjunto de ações para chegar ao objetivo estabelecido.

Momento UAU:

1. Esta técnica consiste em estabelecer um caminho entre um ponto e outro, ajudando a dar clareza às ações que precisam ser executadas para atingir o objetivo selecionado. Para começar, entregue uma folha em branco e solicite que os estudantes marquem um ponto inicial e outro ponto, como se fosse uma linha do tempo.

2. Solicite que os estudantes descrevam a **situação atual**, ou seja, o ponto em que estão no desenvolvimento do trabalho, da meta ou do projeto.
3. Na sequência, peça que listem as ações em notas autoadesivas e as colem no decorrer da linha, de modo linear, como exemplificado na Figura 4.25, com base no **objetivo estabelecido**, isto é, **aonde se quer chegar**. A expectativa é que os participantes consigam preencher esse caminho com ideias que contribuam para alcançar a situação futura.

Reflexão sobre a experiência: tendo em vista que o objetivo desta técnica é conseguir traçar e listar tarefas menores para que, ao serem cumpridas, o destino seja atingido, vale dialogar sobre a quantidade e a natureza das ações, promovendo uma reflexão em relação ao que já se avançou ou em relação às ações que ainda precisam ser realizadas.

Eureka!
Esta atividade é mais adequada para grupos, no entanto, promovê-la individualmente também pode ser muito interessante para auxiliar os estudantes a ter clareza das ações que precisam ser realizadas quando se estabelece um objetivo.

Outra possibilidade de intensificá-la é em situações em que o projeto já esteja em andamento. Nesse caso, promova uma reflexão sobre os pontos que estão mais sensíveis, ou seja, gerando retrabalho, atraso ou dificuldades. É importante já listar as ações para mitigar os pontos apresentados, caso sejam verbalizados pelo grupo.

Figura 4.25 Representação do *Gap filling*.

6. Bubble thoughts

Contexto de aplicação: presencial e *on-line*.

Tempo de duração: 20 a 40 minutos.

Nível ou segmento indicado: ensino médio, educação superior e formação docente.

Materiais: notas autoadesivas, folhas de papel grande e colorido ou um quadro branco para fixar o papel (ou algum quadro branco como o Jamboard ou o Conceptboard, caso seja *on-line*).

Objetivo: mapear ou refinar as nuanças de uma proposta de solução ou um problema.

Momento UAU: a *"Bubble thoughts"* é uma dinâmica de ativação que consiste na representação das ideias sobre um problema, uma proposta de solução ou algum tema que necessite de um grupo. Ela pode ajudar os participantes a minimizarem a complexidade ou mesmo no desencadeamento de ideias, mantendo o foco no propósito. Podemos dizer que esta estratégia auxilia no desenvolvimento do hábito de questionar, realizar análises profundas, ter disposição para trabalhar com mente aberta para mudanças, entre outras possibilidades. Em síntese, é um pensamento que busca novas soluções para problemas já existentes.

1. Para usar esta abordagem, entregue um problema, um caso ou um tema que necessite da geração de ideias pelos participantes com alguma pergunta que se inicie com "Como podemos..." e atribua um tempo para que possam mapear as possibilidades de resolução ou criação da proposta tendo em vista o desencadeamento de ideias, por exemplo:

    > Como podemos reduzir a evasão dos estudantes do ensino médio da escola X?

2. À medida que as ideias são "lançadas", registre-as em notas autoadesivas ou papéis coloridos como se fossem "bolhas" em torno da questão central. Basicamente, esta dinâmica serve para obter uma imagem geral do tópico em questão e descobrir o que impacta sua execução ou até como acelerá-la.

3. Ao terminar a geração de ideias, solicite que os participantes façam o agrupamento e o reagrupamento das ideias e dos conceitos gerados, favorecendo a comparação ou a exclusão das possibilidades mais ou menos relevantes.

Reflexão sobre a experiência: imaginar um mundo sem problemas é incrível, mas também não podemos deixar de perguntar o que os estudantes têm feito para solucionar os desafios impostos. A verdade é que não sabemos aonde vamos chegar, e é natural ficarmos inertes diante de tantos problemas que a realidade escolar apresenta. Por isso, vale convidar os participantes para transformar as aspirações em inspirações!

Realize o fechamento fazendo os estudantes concluírem que a dimensão do problema não importa, uma vez que sempre há necessidade de definir metas, enfrentar desafios e buscar possibilidades para superá-los. Todavia, será que nossas escolhas sobre como resolver os problemas escolares e educacionais cotidianos são as mais adequadas? Será que resolvemos os problemas ou apenas lidamos com as consequências para amenizar determinados impactos?

Destaque que esta estratégia trabalha com o **estudo do problema**, mapeando todos os pontos principais do projeto, da proposta ou do tema.

Eureka!
Toda inovação nasce de uma inquietação genuína de modificar a realidade vigente. Para que a inovação aconteça em qualquer âmbito escolar, são necessários esforço, análise da realidade, planejamento, reflexão contínua e trabalho colaborativo, além da paixão e da curiosidade. Para tanto, são necessários um motivo (um porquê) e uma direção (um para quê), de maneira que as pessoas construam o "como fazer". Nesse sentido, para otimizar a estratégia *Bubble thoughts*, solicite o mapeamento em bolha sobre como e para que fazer alguma coisa, repetindo o processo.

Vale destacar que esta estratégia é muito parecida com a criação de mapas mentais. Nesse caso, caso queira adaptar a atividade, crie um mapa mental com efeito de ancoragem, inserindo um desafio muito comum, no qual os participantes se fixam nas primeiras ideias em vez de trazer ideias novas. O mapa mental faz isso ao usar uma ideia inicial para inspirar outras.

7. PechaKucha (PK)

Contexto de aplicação: presencial e *on-line*.

Tempo de duração: 10 a 20 minutos.

Nível ou segmento indicado: ensino médio, educação superior e formação docente.

Materiais: PowerPoint e projetor de *slides*.

Objetivo: estruturar apresentações de forma concisa, mantendo a atenção e gerando um grande volume e uma variedade de informações.

Momento UAU: diga aos alunos que a PechaKucha (PK) foi criada para proporcionar uma apresentação concisa e chamativa ao público, sendo elaborada com 20 *slides*, passados automaticamente após 20 segundos, totalizando uma apresentação de 6 minutos e 40 segundos. Recomenda-se que os *slides* apresentem apenas imagens e textos curtos relacionados à temática.

Em síntese, funciona assim: os estudantes devem usar 20 *slides*, de 20 segundos cada, totalizando 6 minutos e 40 segundos de exibição contínua. A narrativa precisa estar ordenada, preferencialmente com imagens, para facilitar a compreensão de todos. Não é obrigatório ter um tema específico, e os *slides* são as ferramentas por meio das quais a história é contada.

Uma apresentação PK utiliza imagens e o uso eficiente da palavra falada para criar uma demonstração memorável, significativa e concisa. É uma excelente estratégia para auxiliar os estudantes a criar as melhores apresentações e desenvolver a comunicabilidade.

Reflexão sobre a experiência: o nome, que vem do japonês ペチャクチャ, se refere a uma onomatopeia que significa "conversa rápida", que é a boca na língua em questão. Criado pelos arquitetos Mark Dytham e Astrid Klein, a técnica foi elaborada para tornar uma explanação concisa e prática.

A ideia pode ser ótima, e a solução proposta, incrível, mas, se a apresentação for maçante, será mais difícil as pessoas prestarem atenção e se conectarem com o tema. Nesse sentido, é fundamental investir em um formato bem dinâmico, como a PK. A vantagem da técnica é incentivar uma narrativa concisa e objetiva, sem excessos.

É importante destacar que a forma de organização é livre, então fique à vontade para usar sua criatividade, desde que siga as orientações da estratégia e não ultrapasse os 20 *slides* com imagens, textos curtos ou vídeos no tempo de 6 minutos e 40 segundos.

É o momento de vender a ideia para as pessoas que devem apoiá-lo. Ao vender o projeto, você terá de enfrentar não só sua viabilidade, mas também fatores como a política interna, o medo oculto da mudança, etc. Não esqueça de explicar aos estudantes que a PK é uma forma de dar voz a todos, exercitando uma nova educação interna, com foco em resultados.

Eureka!
Existem diferentes modelos de PK disponíveis na internet. Vale pesquisar e buscar a mais adequada para você, inclusive no *site* próprio: https://www.pechakucha.com/.

Uma dica: oriente seus estudantes sempre que começarem uma apresentação. Explique de modo sucinto de onde você vem e o que você vai apresentar. Isso é importante porque saber quem você é e de onde você vem ajuda o público a começar a montar a base para sua apresentação.

8. Ideias "como", "agora" e "uau"

Contexto de aplicação: presencial e *on-line*.

Tempo de duração: 15 a 30 minutos.

Nível ou segmento indicado: anos finais do ensino fundamental, ensino médio, educação superior, formação docente e ambiente corporativo.

Materiais: papel e notas autoadesivas (ou algum quadro branco como o Jamboard ou o Conceptboard, caso seja *on-line*).

Objetivo: categorizar as ideias geradas pelo grupo para selecionar a mais adequada.

Momento UAU: a dinâmica "Ideias 'como', 'agora' e 'uau'" (em inglês, *How-Now-Wow*) é uma estratégia de ativação que pode ser usada para debates criativos em que seja necessário reunir e categorizar ideias de acordo com a **originalidade** e a **facilidade de implementação**.

O primeiro passo é reunir várias ideias, seja individualmente, seja em grupo. Pode-se usar notas autoadesivas para esse momento inicial de geração de ideias. Na sequência, entregue um papel sulfite dobrado em três partes (Fig. 4.26) para o grupo e inicie o processo de categorização. Cada parte

Figura 4.26 Representação da estratégia "Ideias 'como', 'agora' e 'uau'".

do papel deve ser um espaço para analisar e categorizar o melhor local em que as ideias se encaixam na escala da técnica, descrita a seguir:

- **Ideias "como":** são originais e interessantes, mas não são executáveis de forma rápida.
- **Ideias "agora":** não são originais, mas são de fácil execução e de retorno rápido.
- **Ideias "uau":** são originais, de fácil execução e de retorno rápido.

Após a categorização das ideias, o grupo deverá selecionar a mais apropriada e apresentá-la aos demais.

Reflexão sobre a experiência: dialogue com os participantes sobre como é evidente que o ideal é ter o máximo de ideias "uau" possível, já que elas são fáceis de executar e originais, o que pode ser um diferencial relevante ao propor uma solução, criar um produto ou resolver um problema. No entanto, essa categorização também auxilia a refletir sobre a própria proposta de solução. Às vezes, uma ideia parece genial, mas não traz resultados; em outros momentos, a ideia pode ser simples, mas ser executável e trazer resultados imediatos. O fato de ter a ideia e categorizá-la estimula o acesso aos repertórios individuais e a criação de novas ideias por meio de um processo reflexivo e criativo.

Eureka!
Em situações em que as ideias forem difíceis e morosas, incentive os participantes a correr contra o relógio para elaborar o máximo de ideias possível. Nesse caso, o mais importante é não levar as coisas muito a sério. É importante que os participantes expressem suas ideias em voz alta ou mesmo as registrem em uma folha de papel. Cabe levar em consideração que é natural que algumas ideias sejam citadas mais de uma vez; nesse caso, vale a pena aprofundá-las. Na sequência, inicie o momento de categorização "como", "agora" e "uau".

É importante destacar que, mesmo em grupos que tenham maior dificuldade de concentração ou estejam muito agitados, esta estratégia também pode funcionar muito bem.

9. Decisão ágil

Contexto de aplicação: presencial e *on-line*.

Tempo de duração: 10 a 15 minutos.

Nível ou segmento indicado: ensino médio, educação superior, formação docente e ambiente corporativo.

Materiais: formulário "Matriz de decisão ágil", papel e notas autoadesivas (ou algum quadro branco como o Jamboard ou o Conceptboard, caso seja *on-line*).

Objetivo: tangibilizar os impactos sobre algum tema para favorecer a tomada de decisão de forma ágil.

Momento UAU: quando o grupo se deparar com uma situação em que são apresentadas diferentes formas para a resolução de um problema, use a "Matriz de decisão ágil".

1. O primeiro passo é determinar claramente a decisão que se deseja tomar.
2. Em seguida, devem ser listadas as opções possíveis para tomar a decisão em questão, com base no preenchimento dos quadros da "Matriz de decisão ágil" (Fig. 4.27; também disponível para *download* no QR Code a seguir).

Figura 4.27 Matriz de decisão ágil.

A "Matriz de decisão ágil" ajuda o grupo a determinar os principais impactos em relação às propostas de solução, bem como dimensionar os esforços necessários para executá-las, auxiliando a tomar a melhor decisão. É ideal para debates criativos em grupo, equipes remotas, prazos apertados e aperfeiçoamento de uma solução exequível.

Reflexão sobre a experiência: esta dinâmica de ativação é uma excelente alternativa para melhorar o alinhamento entre equipes quando estas se deparam com uma necessidade de tomada de decisão. Percebe-se que, quando se define uma estratégia com possibilidade de tangibilização dos impactos, naturalmente a tomada de decisão ocorre de modo mais natural, bem como a aceitação por parte de todos os participantes.

Eureka!
A técnica pode funcionar melhor quando são estabelecidos alguns combinados. Deixe claro as seguintes premissas:

- Trabalhem juntos, nunca sozinhos.
- Tangibilizar o impacto gera mais resultado do que permanecer na discussão.
- Estar certo não é tão importante quanto fazer uma escolha junto com o grupo.
- Decidam!

10. *Bull's eye*

Contexto de aplicação: presencial e *on-line*.

Tempo de duração: 20 a 30 minutos.

Nível ou segmento indicado: ensino médio, educação superior, formação docente e ambiente corporativo.

Materiais: papel e notas autoadesivas (ou algum quadro branco como o Jamboard ou o Conceptboard, caso seja *on-line*).

Objetivo: mapear prioridades.

Momento UAU: o *"Bull's eye"*, traduzido como Olho de touro, é um diagrama em formato de alvo (Fig. 4.28) utilizado para identificar as primeiras ações que surgem na mente dos participantes e aplicá-las com base na prio-

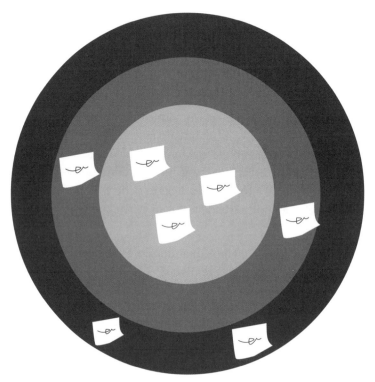

Figura 4.28 Representação da estratégia *"Bull's Eye"*.

ridade de cada uma, tudo ao mesmo tempo. É amplamente utilizado em contextos corporativos, visto que facilita um plano de ação mais tangível.

Além disso, também fomenta a discussão sobre quais são as melhores ações e como aplicá-las. Para começar, é importante selecionar um mediador, ou você mesmo poderá assumir esse papel caso a atividade seja para um grande grupo, e não grupos menores.

- Crie três círculos – ou mais, caso necessário – e alinhe-os pelo centro, formando um alvo. Nomeie cada círculo de acordo com o que fizer mais sentido em termos de priorização. Alguns exemplos são:
    - Primário, secundário, terciário.
    - Urgente, médio prazo, longo prazo.
    - Maior impacto, médio impacto, baixo impacto.
    - Importante, urgente, emergente.

Você pode, inclusive, buscar outras possibilidades para identificar as prioridades. Chame todos os envolvidos e peça para que coloquem ideias no alvo. Neste momento, é ideal ver onde cada um está colocando as notas autoadesivas.

Caso seja em grupo, oriente o mediador para que este possa trazer a discussão das principais notas autoadesivas e organize-as com base no consenso de todos; assim, será possível ver que algumas ações podem ser prioridade máxima para alguém, mas para outras pessoas não. Dessa forma, é necessário discutir e chegar a um consenso, pois isso ajudará na decisão de prioridades no projeto ou na ação.

Reflexão sobre a experiência: a priorização de projetos e tarefas é uma ação comum, mas que precisa ser tratada com mais cuidado. O mapeamento de prioridades é essencial para melhorar a gestão, a tomada de decisões, a produtividade e a qualidade de qualquer demanda a ser entregue; por isso, essa estratégia é bem versátil. Explique para o grupo que, para que qualquer ação aconteça, é necessário definir prioridades. Esta estratégia ajuda a tangibilizar essas possibilidades, auxiliando a organizar as ideias e manter o foco. Aproveite a oportunidade para falar sobre a procrastinação e a escolha de tarefas prioritárias. Isso é fundamental para manter o foco!

Eureka!
Você pode planilhar as atividades, marcar seu *status* e dar visibilidade a todas elas. Veja um modelo para preenchimento e *download* no QR Code a seguir, conforme o exemplo.

Quer outra forma de adaptar a estratégia de *framework* que ajude a priorizar as ações para desenhar um produto, um serviço ou uma proposta de solução? Use a dinâmica de ativação intitulada "Básico". Essa proposta tem o mesmo objetivo, mas com aplicação diferenciada, e pode ser usada para auxiliar em outras tomadas de decisão importantes. Funciona assim: por meio de uma escala de 1 (pior cenário) a 5 (melhor cenário), os participantes conseguirão mapear as tarefas e as atividades por critério de prioridades. O nome desse método de priorização está relacionado à letra inicial de cada um dos critérios que será preciso considerar para a pontuação:

- Benefícios para a empresa (aponte, de 1 a 5, quais os ganhos e qual o valor que a proposta de solução gera).
- Abrangência dos resultados (aponte, de 1 a 5, quais os impactos positivos).
- Satisfação do usuário interno (aponte, de 1 a 5, qual a capacidade e a qualidade de exequibilidade para o usuário interno, ou seja, a experiência para quem operacionaliza).
- Investimento necessário (aponte, de 1 a 5, qual o investimento; pode-se mensurar o investimento financeiro, o esforço humano, etc.).
- Cliente ou usuário satisfeito (aponte, de 1 a 5, qual a capacidade de resolver o problema).
- Operacionalidade simples (aponte, de 1 a 5, qual a capacidade operacional).

QUAIS SÃO OS PILARES PARA APLICAÇÃO DAS ESTRATÉGIAS DE ATIVAÇÃO DO POTENCIAL CRIATIVO?

Para desenvolver a mentalidade criativa, é essencial promover reflexões e aprendizados por meio dos quatro aspectos essenciais:

- ✓ criar situações nas quais os estudantes sejam capazes de propor soluções criativas para os problemas reais;
- ✓ estabelecer um clima positivo com acolhimento, criação de vínculos e valorização das singularidades em contextos coletivos;
- ✓ desenvolver habilidades para os estudantes serem capazes de trabalhar em grupo;
- ✓ promover atividades nas quais os estudantes sejam capazes de planejar, estabelecer metas e ser produtivos com base nos objetivos estabelecidos.

Como você viu, promover a mentalidade criativa consiste no desenvolvimento de um conjunto de diferentes aspectos combinados, integrados e interconectados.

Você acredita que a instituição onde você trabalha está usando todo o seu capital criativo? Você tem vontade de fomentar uma cultura criativa, mas acha que não conseguiria a adesão das pessoas? Como desenvolver uma cultura saudável em que a criatividade pode florescer? Se você entende que a criatividade é o valor central de seus processos, você também deve entender a importância do desenvolvimento de uma cultura que promova tais processos criativos.

Para iniciar essa discussão, sugiro que você assista ou dialogue com os estudantes sobre a metáfora apresentada no filme *O bom dinossauro* (Fig. 4.29), da Pixar. Ao nascer, o dinossauro é retratado com um "bebê inexperiente". Isso nada mais é do que a ideia de produto ou projeto recém-lançado: algo que você e seus pares acabaram de desenvolver. Um produto novo, ou uma proposta de solução ou serviço, ou o que for, deve ser avaliado e reavaliado para que possa ser melhorado até chegar no produto ideal. É isso que *O bom dinossauro* representa: queremos que ele seja criado, lapidado e melhorado para que possa se tornar um dinossauro adulto bonito. Essa deve ser a meta das suas ações! Não se deixar vencer pelo medo do

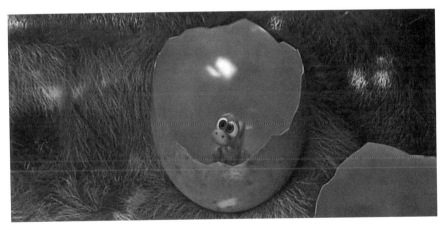

Figura 4.29 Cena do filme *O bom dinossauro*.
Fonte: O bom dinossauro (2016).

mundo ou do novo, mesmo quando sentimos e achamos que somos fracos, pequenos ou incipientes. Esse bebê dinossauro significa a necessidade de aprimoramento constante como força motriz.

5

Como criar experiências de aprendizagem criativas e memoráveis*

> Criatividade é apenas conectar as coisas.
>
> Steve Jobs

Você já se deparou com estudantes desmotivados? Aqueles que perderam ou mesmo diminuíram o interesse em suas atividades? Para criar um ambiente criativo, será preciso que os estudantes estejam realmente motivados. Não é à toa que uma das grandes preocupações no desenvolvimento de qualquer atividade pedagógica é conseguir o engajamento e a motivação dos estudantes na hora de aprender.

Um estudante desmotivado com certeza terá um desempenho menor do que o esperado e provavelmente aprenderá menos. Além disso, a desmotivação constante pode ocasionar uma série de problemas no aprendizado, causando outros obstáculos emocionais e sociais. Por isso, convido você para refletir sobre a **motivação**!

A motivação se refere ao impulso ou energia que leva uma pessoa a agir de determinada maneira, orientando seu comportamento para alcançar um objetivo ou satisfazer uma necessidade. Pode ser compreendida como um estado interno que mobiliza e direciona o comportamento em direção a um objetivo ou desejo. Destaca-se que a motivação é uma força importante na vida das pessoas e pode afetar significativamente o desempenho, a satisfação pessoal e o bem-estar geral.

---

* Daros [2023?].

O que isso significa? De forma breve e clara, isso significa que a motivação do aluno depende daquilo que o aluno pensa sobre si, sobre suas capacidades e sobre as atividades que realiza! Então, apenas dizer aos estudantes que a atividade que eles estão realizando é muito importante e outras coisas desse tipo, esperando que fiquem motivados, não irá funcionar.

Tendo em vista que a motivação é um processo de satisfação das necessidades de um sujeito, procure conhecer os interesses de cada um de seus estudantes para que consiga fazer escolhas de recursos e abordagens capazes de atrair sua atenção e, assim, incentivá-los a se envolverem nos projetos e nas atividades, gerando a motivação e o engajamento e, consequentemente, levando-os a aprender cada vez mais.

É por isso que dois dos maiores desafios para gestores e docentes de instituições são a conquista e a constância do engajamento dos estudantes. Uma vez que esse aspecto tem impactado diretamente os indicadores de sucesso, saber como capturar e manter a atenção dos estudantes tem sido uma das questões mais debatidas pelas instituições educativas de todo o Brasil.

Qual o tempo médio pelo qual podemos esperar a atenção dos estudantes durante as aulas? Apesar de não encontrar um dado que especifique com exatidão o tempo de retenção da atenção, o campo da psicologia afirma que um estudante convencional permanece atento por 10 a 15 minutos. No entanto, nas formações de professores que conduzo, tenho ouvido com frequência diferentes relatos de docentes que expressam a sensação de precisar se esforçar mais para conseguir capturar e manter a atenção dos estudantes. Será que de fato a capacidade de atenção dos estudantes diminuiu?

É comum encontrarmos argumentos que expliquem a sensação de perda da atenção dos estudantes relacionando-a a uma consequência do aumento da exposição à tecnologia, tornando-se mais difícil alcançá-los e ensiná-los. Uma pesquisa da Pew Internet & American Life Project (LENHART, 2007) aplicada com quase 2.500 professores mostrou que 87% acreditam que é o excesso de telas que está criando uma geração com curtos períodos de atenção. Ainda, 64% desses mesmos professores entrevistados acreditam que as tecnologias digitais mais distraem do que ajudam os estudantes.

Especificamente em relação à captura da atenção em contextos digitais, foi publicizado pela BBC que um estudo conduzido pela Microsoft trouxe evidências sobre essa suposta distração. Nesse estudo, realizado no Canadá, mostrou-se que o tempo médio de atenção tem caído nos últimos anos, de 12 para 8 segundos (TECNOLOGIA..., 2015). A explicação dessa queda ocorre, em grande parte, devido à natureza da tecnologia e ao estímulo constante que ela oferece aos espectadores, tornando-os mais exigentes com relação aos aspectos capazes de manter a atenção. Há um resultado positivo, no entanto.

Apesar de nos distrairmos mais facilmente, os mesmos dispositivos podem melhorar nossa capacidade de agir no modo multitarefa. De acordo com a pesquisa, os participantes que têm um estilo de vida mais digital são muito melhores no processamento de informações simultâneas que chegam de diferentes fontes com maior agilidade (TECNOLOGIA..., 2015). Um menor poder de concentração pode ser um efeito colateral da evolução da democratização do acesso aos dispositivos móveis, mas vale destacar que esse fenômeno é resultante da capacidade do cérebro de se adaptar e se modificar ao longo do tempo.

Isso significa que a sensação que os docentes relatam sobre a necessidade de maior esforço para conseguir capturar e manter a atenção dos estudantes se trata de uma realidade, mas merece uma reflexão relevante. O que estamos chamando de "perda de atenção" pode ser, na verdade, o modo como acreditamos que esses estudantes processam as informações a partir das nossas expectativas.

Por isso, destaco que não interpreto o aumento da distração como algo bom ou mesmo como um fato irreparável. Inclusive, acredito que essas mudanças na atenção podem ser usadas como uma excelente maneira de diferenciar as gerações, mas convido os profissionais da educação a refletirem seriamente sobre o rótulo de **geração distração** que recorrentemente tem sido lançado sobre os estudantes da contemporaneidade.

Considerando que os níveis de atenção obtidos são influenciados por motivação, humor, relevância, sentimento de pertencimento, clareza de propósito, envolvimento com a tarefa, valor percebido no tema ou no material, entre outros aspectos, não podemos usá-los como uma justificativa e amenizar o fato que é mandatório: precisamos rever o modo como propomos as experiências de aprendizagem, sendo capazes de captar e manter maior atenção e engajamento.

Então, como podemos ajudar os estudantes?

EFEITO MONTANHA-RUSSA NA SEQUÊNCIA DIDÁTICA

Já sabemos que os estudantes apresentam diversos picos de atenção; então, estruture a atividade pedagógica levando em consideração o melhor aproveitamento dessas oportunidades. Lembre-se de que os minutos iniciais são aqueles em que há um pico de atenção, portanto, comece com algo que conecte o estudante ao tema, como um problema cotidiano, uma pergunta intrigante ou mesmo uma citação, para só aí apresentar conceitos ou fundamentos. Por que eles deveriam se interessar pelo assunto? Isso os ajuda a se manterem próximos da realidade, para que possam compreender a dimensão prática e aplicável do conhecimento. Uma sugestão é inserir aquecimentos mentais, como as dinâmicas de ativação, para estimular a atenção plena.

A metade da aula pode ser um momento propício para trabalhar metodologias mais ativas por meio da experimentação e do fomento da participação dos estudantes. Já mais para o final da aula é possível retomar os conhecimentos, as palavras-chave e os pontos principais, auxiliando os estudantes a refletirem conscientemente sobre a experiência, com o intuito de consolidar o processo de aprendizagem. Denomino essa organização didática favorecedora dos picos de atenção de **efeito montanha-russa**.

Vale uma recomendação: a postura do profissional também é um estímulo ao engajamento, mas pode atuar de forma contrária, inserindo os estudantes em um contexto de passividade. Mantenha-se com foco e motivação!

PRÁTICA ATIVA E CRIATIVA

Já sabemos que substituir aulas monólogas por um aprendizado ativo não apenas aumenta a captura da atenção, como também ajuda a mantê-la durante os períodos de aula imediatamente após essas atividades.

Ao apropriar-se dos conhecimentos por meio de uma prática ativa e criativa, os estudantes serão capazes de compreender o mundo e transpor seu conhecimento para algo concreto a fim de transformar sua própria vida ou a de sua comunidade. Em outras palavras, serão capazes de propor soluções para problemas reais e transformar as ideias em realidade. Não faltam estratégias pedagógicas para criar uma ponte entre conhecimentos teóricos e práticos com foco no desenvolvimento de uma postura protagonista e resolutiva.

Cabe um ponto de reflexão: ao propor atividades ativas, a máxima do quanto mais difícil melhor é válida? Nem sempre! É importante equilibrar o nível de dificuldade para manter o engajamento. Embora essa seja uma das tarefas quase imperceptíveis aos olhos docentes, é preciso avaliar a capacidade de assimilação de determinado conhecimento em uma turma e em cada estudante, uma vez que tanto a hiperestimulação quanto a hipoestimulação podem ser prejudiciais para o processo de aprendizagem.

Na hiperestimulação, cria-se um nível de dificuldade acima da capacidade do estudante; consequentemente, ocorrerá a desmotivação devido à percepção das dificuldades e ao sentimento de incapacidade de vencê-las. A hipoestimulação, por outro lado, faz os estudantes conseguirem captar todas as atividades e desenvolvê-las, mas, por se encontrar em um nível abaixo do que eles são capazes de desempenhar, pode ser algo ofensor na motivação, não incitando esforço ou até gerando desistência da atividade, da disciplina ou do curso.

DOCÊNCIA MULTIMODAL E UTILIZAÇÃO DE RECURSOS TECNOLÓGICOS

Todos nós aprendemos mais quando o conhecimento nos é apresentado por meio de diferentes modos, isto é, visualmente, auditivamente, cinestesicamente, etc. Nesse sentido, precisamos procurar apresentar uma docência multimodal!

Na obra *Visible learning and the science of how we learn*, os autores Hattie e Yates (2013) afirmam que todos somos aprendizes visuais e auditivos, não apenas alguns de nós. Seus estudos revelaram que aprendemos mais quando as entradas que experimentamos são multimodais ou apresentadas por diferentes mídias. Isso significa que, além de incorporar o aprendizado ativo em nossas aulas, podemos usar a tecnologia para envolver e manter o conteúdo e seus recursos, apresentando-os de modo didático e relevante, visto que a mente humana não consegue lidar com tanta abstração. Quando os estudantes têm à sua frente material altamente visual e envolvente, gera-se um excelente potencial para captura e constância da atenção.

Investir no uso de tecnologias, criar espaços inteligentes, elaborar materiais digitais e fomentar o desenvolvimento de uma mentalidade capaz de transformar ideias em realidade é possível, visto que a docência multimodal cria novas oportunidades aos estudantes; no entanto, é mandatório que essas tecnologias e essas metodologias venham acompanhadas de práticas pedagógicas que atendam modos de aprender e ensinar distintos, mais amplos e com acesso facilitado por meio de experiências alinhadas com as transformações no nosso momento histórico. A proibição do uso de celulares e *tablets* não funciona mais, então invista no uso consciente e ressignifique a relação com esses dispositivos em sala de aula, com o intuito de beneficiar o processo de aprendizagem.

DIVERSIFICAÇÃO DA AVALIAÇÃO DA APRENDIZAGEM

A diversificação dos modos de avaliar pode ser uma estratégia poderosa para contemplar e favorecer os diferentes perfis estudantis. Muito além das provas tradicionais, outros modelos avaliativos como os portfólios, a observação profunda das dinâmicas entre grupos e durante a realização das atividades propostas de forma coletiva e a frequência do estudante são indicadores do próprio engajamento e da atenção em sala de aula. A autoavaliação aplicada como elemento metacognitivo também é muito potente para promover reflexões sobre o engajamento. Nela, o estudante pode avaliar critérios como o nível de dificuldade das aulas e das atividades e propor melhorias, colaborando com a reflexão sobre sua própria experiência.

A partir das premissas citadas, é possível melhorar o engajamento dos estudantes em sala de aula e, consequentemente, sua experiência, com resultados significativos na captura e na constância atencional. Novas abordagens mais contextualizadas e que promovam a autonomia precisam fazer parte de uma mudança de mentalidade e do modo de operação pedagógica das instituições de ensino superior.

Pensar na experiência do estudante implica refletir sobre as modificações metodológicas, tecnológicas e sociais, materializadas em forma de soluções de aprendizagem e ofertadas com o intuito de modificar, ampliar e qualificar o momento de aprender de cada um.

Vale destacar que o termo "memorável" é oportuno nos contextos educativos, pois significa "inesquecível, digno de ser lembrado, relevante". O esforço das instituições de ensino em ofertar uma experiência de aprendizagem memorável ao estudante surge da necessidade de atender ao novo perfil comportamental, social e cognitivo. Com tantos recursos disponíveis, apenas a aula expositiva, tendo a memorização como único recurso, sobretudo em nosso momento histórico, não é possível.

Afinal, existe um manual que ajude a desenhar uma experiência de aprendizagem memorável? Infelizmente, não. Com base na minha experiência, porém, posso aplicá-lo com a descrição dos principais aspectos a serem considerados quando se quer ofertar uma experiência de aprendizagem realmente memorável para o desenvolvimento de uma mentalidade criativa.

1. **Estabeleça vínculos:** a aprendizagem perpassa pelo estabelecimento de vínculos, logo, as instituições de ensino superior precisam planejar atividades que envolvam a criação e o fortalecimentos dessas relações que permeiam os espaços educativos. Usar dinâmicas de ativação, desenvolver habilidades para o trabalho em grupo e criar comunidades de aprendizagem podem ser alternativas altamente eficazes no ponto de vista relacional e emocional.

2. **Levante as hipóteses dos estudantes sobre o que sabem ou o que esperam aprender:** compreender o que cada estudante leva para a aula, suas motivações e sua disposição para se engajar é fundamental no processo de aprendizagem; por isso, considere o conhecimento prévio ou os graus de familiaridade que os estudantes apresentam em relação ao tema abordado. Lance questões iniciais, aplique uma autoavaliação rápida, promova uma mineração de conceitos. Além de demonstrar interesse sobre os estudantes, essa abordagem é muito relevante, pois promove o acionamento dos conhecimentos prévios a partir da provocação inicial, conecta os estudantes com o tema e, assim, intensifica seu aprendizado significativo.

3. **Organize tarefas que tenham grau de incerteza:** o comando da atividade não precisa ser confuso para ter um grau de incerteza. Na verdade, esse elemento se refere à preparação de atividades que exigem esforço para compreender a tarefa antes mesmo do estudante escolher uma estratégia para encontrar a solução. Para gerar engajamento nos estudantes, é preciso fazê-los sentir que os trabalhos realizados são desafiadores e, com isso, ampliar seu repertório de conhecimentos por meio do desenvolvimento de habilidades cognitivas de maior complexidade. Desafios imersivos, resolução de

problemas reais e prototipação são exemplos de alternativas pedagógicas que apresentam grau de incerteza.

4. **Ofereça um amplo repertório de estratégias e recursos de aprendizagem:** para possibilitar conexões criativas e desenvolver uma mentalidade inovadora que qualifique a experiência do estudante, é preciso recorrer a novidades, variedades e qualidade dos processos sinápticos. Por isso, além de compreender o motivo, o significado e a aplicabilidade das atividades pedagógicas, é preciso fazê-lo por meio de diferentes estratégias e recursos.

5. **Trabalhe a educação digital:** a educação digital refere-se à inclusão da tecnologia e das ferramentas digitais nos processos de ensino e aprendizagem. Isso envolve o uso de computadores, dispositivos móveis, internet e outras tecnologias para melhorar a experiência educacional e tornar o aprendizado mais acessível, personalizado e engajador. Além disso, aborda questões relacionadas a segurança cibernética, privacidade *on-line*, alfabetização digital e cidadania digital, ensinando às pessoas como navegar com segurança e eficácia em nossa sociedade tecnocêntrica. Com ela, é possível alinhar o processo de ensino e aprendizagem às novas mudanças provocadas pela era digital, oferecendo ferramentas, conhecimentos e novas oportunidades aos estudantes. No entanto, é mandatório que essas tecnologias e essas metodologias venham acompanhadas de práticas pedagógicas que possibilitem experiências alinhadas às transformações que atendam às necessidades do mundo atual.

6. **Crie situações de interação e integração entre os pares:** a capacidade de se sentir aceito, ouvido e participante do grupo a partir de suas contribuições por meio da interação entre os pares é um indicador muito relevante quando se pretende qualificar a experiência do estudante e torná-la memorável. Forneça espaços nos quais os estudantes possam se relacionar com os professores e outros membros da instituição, tanto no ambiente de sala de aula quanto fora dele.

7. **Conduza os estudantes a experimentarem o sucesso:** experimentar o sucesso é o sentimento que ocorre quando temos a certeza de que o objetivo foi alcançado. Nesse sentido, o sentimento de consolidação

do processo de aprendizagem ocorre quando o estudante sente que aprendeu algo novo com a aula, o curso ou o programa.

Reflexões sobre os resultados das avaliações, exercícios metacognitivos em relação ao desempenho, comemorações, apresentações, desafios com premiações e uma cultura de *feedback* podem ajudar os estudantes a analisarem seu desempenho e estabelecerem estratégias para atingir os objetivos, ou seja, a experimentarem o sucesso.

Desenhar uma experiência de aprendizagem criativa e memorável requer construir uma dinâmica que inclua as dimensões cognitiva, emocional e relacional do ser humano. Essa experiência se materializa por meio de uma narrativa e de tarefas que fazem uso de competências e se manifesta em evidências de aprendizagem sólidas. Por isso, cuidar da experiência dos estudantes e potencializar ao máximo suas possibilidades de aprendizagem deve ser o principal foco do trabalho docente.

Em geral, habilidades como autonomia de pensamento e criticidade, criatividade e convivência na diversidade não são desenvolvidas na escola. Ao contrário, as estruturas curriculares, a arquitetura das salas de aula e da escola como um todo, os objetivos e os métodos de avaliação e a própria rotina escolar incorporada como um hábito compartilhado por todos são características padrão da escola convencional que restringem o desenvolvimento das habilidades citadas. Atitudes como subordinação à autoridade, conformismo, competição, discriminação, consumismo e disposição para explorar o semelhante e utilizar os recursos naturais de forma imprudente costumam ser ensinadas na escola. A efetividade desse aprendizado é, curiosamente, muito maior do que a de conteúdos disciplinares.

#Amplie seu repertório!

Para planejar o *design* de uma experiência de aprendizagem, utilize a ferramenta "Planejador de experiências de aprendizagem ativa e criativa", apresentada na Figura 5.1.

Como realizar o preenchimento:

1. **Singularidades do grupo:** indique as características mais visíveis que você percebe no grupo de estudantes que pretende atender, como faixa etária, segmento, interesses, comportamento, etc.

138 Thuinie Daros

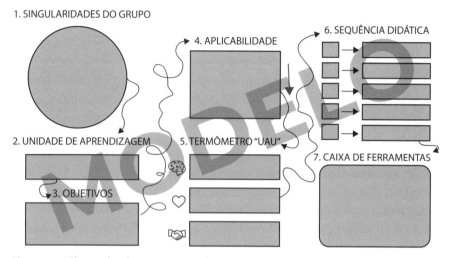

Figura 5.1 Planejador de experiências de aprendizagem ativa e criativa.

2. **Unidade de aprendizagem:** indique o conteúdo, o tema ou o assunto a ser tratado.
3. **Objetivos:** destaque os objetivos, ou seja, a intencionalidade educativa.
4. **Aplicabilidade:** identifique com clareza a aplicabilidade do conhecimento, tendo em vista os contextos reais dos estudantes.
5. **Termômetro UAU:** identifique os pontos de maior impacto na atenção dos estudantes, tendo em vista as atividades e as estratégias cognitivas, relacionais e emocionais.
6. **Sequência didática:** liste as atividades de modo sequencial que serão aplicadas em uma aula ou em um momento de aprendizagem.
7. **Caixa de ferramentas:** identifique todas as ferramentas e todos os recursos que deverão ser providenciados, por exemplo, formulários, *templates*, aplicativos, etc.

6

Considerações finais: conhecimento superficial e conhecimento criativo

Todos nós, em algum momento, já tivemos a oportunidade de participar de aulas maravilhosas, criativas e com ótimos professores e, com isso, aprendemos muitas coisas valiosas e inesquecíveis. No entanto, quando questiono as pessoas sobre se já tiraram nota máxima e, ao mesmo tempo, não entenderam o que estavam aprendendo, observo muitas mãos levantadas sem nenhuma excitação.

Bons estudantes são capazes de se lembrar dos conhecimentos superficiais apenas por tempo suficiente para se sair bem em uma avaliação, mas quase todos esquecem o que aprenderam logo após o término. Isso ocorre porque, em uma abordagem instrucionista, o conhecimento é superficial e raso. Vale destacar que o conhecimento superficial inclui muitos fatos memorizados, diferentemente de um conhecimento criativo, em que se entende de onde os fatos vieram e como podemos aplicá-los. Conhecimento criativo é conhecimento significativo. E sabe de uma coisa? O conhecimento superficial não é capaz de suportar a criatividade.

Isso porque o cérebro é um órgão incrível e considerado um dos mais sofisticados do corpo humano. A neuroplasticidade, também conhecida como plasticidade neural, trata-se da **grande capacidade de adaptação cerebral por meio de alterações fisiológicas resultantes das interações com as diferentes experiências e ambientes**, ou seja, o nosso cérebro aprende a se reprogramar. Inclusive, acredito que o maior talento da nossa espécie é a capacidade de aprender. Podemos dizer que o título *Homo sapiens* não é suficiente, afinal também somos *Homo docens*, ou seja, uma espécie que ensina a si própria.

Vale pensar no fato de que tudo o que conhecemos do mundo não nos foi herdado por meio dos genes – **tivemos que aprender**, a partir do ambiente que nos cerca. E é na capacidade de aprender e produzir novos saberes que está alicerçada toda a história da humanidade. Fazer fogo, projetar instrumentos, plantar, construir, explorar e tantas atividades que garantiram a constante autorreinvenção da própria humanidade têm a sua raiz na extraordinária capacidade cerebral que permitiu formular hipóteses, selecionar aquelas que combinaram com o nosso ambiente e tornar uma realidade.

Por isso, acredito que **desenvolver uma mentalidade criativa é o grande triunfo das instituições educativas**. Na prática, **desenvolver a mentalidade criativa implica a criação de novos ou mais fortes sinais em nosso cérebro – um novo conjunto de correntes cerebrais.**

Quando estamos focados no desenvolvimento da mentalidade criativa, os estudantes experimentam seus conhecimentos em desenvolvimento. À medida que os experimentam, aprendem como aplicar o que descobriram. Além disso, aprendem a usar seus conhecimentos para abordar novos desafios. Aprendem a pensar além das informações que recebem. Aprendem a abordar um novo conhecimento criativo, profundo, significativo, conectado com a realidade, flexível e adaptável. Aprendem a abordar novos problemas e a encontrar soluções criativas.

Concordando ou não, é importante considerar que o mundo não se importa mais com o quanto você sabe, visto que o Google ou o ChatGPT, por exemplo, nos fornecem todas as informações necessárias. Com a democratização da internet, o conhecimento está posto. Disponível. Acessível. Consequentemente, apenas acumular muitas informações não é considerado algo de muito valor.

> Toda aprendizagem genuína deriva da experiência.
> *John Dewey*

O diferencial de um estudante da contemporaneidade vem da capacidade de dar vida a novas possibilidades ou resolver problemas de forma criativa – em outras palavras, ser capaz de inovar, assumir uma postura resolutiva para atuar em um contexto exponencial e, obviamente, ter conhecimento para realizar essas coisas. O conhecimento é muito necessário, mas somente ele não é mais suficiente. É por isso que as habilidades, a motivação e a disposição são tão importantes.

Os estudantes precisam de salas de aula criativas, concebidas como verdadeiros ateliês de aprendizagem, e não de espaços focados no ensino de conhecimento superficial. Acredito que, quando focamos no ensino de conhecimentos superficiais, estamos desperdiçando o tempo deles e o nosso.

As instituições educativas não podem preparar os estudantes para uma sociedade que não existe, logo, devem garantir o conhecimento e desenvolver habilidades como o pensamento crítico, a capacidade de associação e análise, o raciocínio lógico, a capacidade de solucionar problemas, questionar, inferir e argumentar, a fluência digital e tantas outras habilidades necessárias à vida pessoal e profissional. Isso só é possível por meio do desenvolvimento de uma mentalidade criativa.

Todos têm algo a ganhar desenvolvendo suas habilidades de pensamento criativo.

Cuidar da experiência dos estudantes e potencializar ao máximo suas possibilidades de aprendizagem deve ser o principal foco do trabalho docente no contexto da educação contemporânea, pois criar condições motivadoras faz a diferença para efetivar a criatividade e a inovação na sala de aula.

Salas de aula criativas são o futuro do ensino e da aprendizagem!

Referências

AGUIRRE, A. *et al*. *EduSapiens*: um guia para planejar experiências criativas em sala de aula. São Paulo: Fundação Telefônica Vivo, 2019. Disponível em: https://fundacaotelefonicavivo.org.br/wp-content/uploads/pdfs/EduSapiens.pdf. Acesso em: 2 mar. 2023.

ALENCAR, E. M. L. S.; FLEITH, D. S.; BRUNO-FARIA, M. F. *Medidas de criatividade*: teoria e prática. Porto Alegre: Artmed, 2010.

BAIA, J. 8 atividades de team building que vão motivar e integrar suas equipes. *In*: LINKEDIN. [*S. l.: s. n.*], 2019. Disponível em: https://www.linkedin.com/pulse/8-atividades-de-team-building-que-v%C3%A3o-motivar-e-integrar-jackson-baia/?originalSubdomain=pt. Acesso em: 2 mar. 2023.

BOALER, J. *Mentalidades matemáticas*: estimulando o potencial dos estudantes por meio da matemática criativa, das mensagens inspiradoras e do ensino inovador. Porto Alegre: Penso, 2018.

BOALER, J. *Mente sem barreiras*: as chaves para destravar seu potencial ilimitado de aprendizagem. Porto Alegre: Penso, 2020.

BRASIL. Ministério da Educação. *Base Nacional Comum Curricular*. Brasília: MEC, 2017. Disponível em: http://basenacionalcomum.mec.gov.br/. Acesso em: 4 mar. 2023.

BRIGATTI, F.; VIECELI, L. Brasil tem recorde trabalhadores há mais de dois anos desempregados. *Folha de S.Paulo*, 3 jun. 2021. Disponível em: https://www1.folha.uol.com.br/mercado/2021/06/brasil-tem-recorde-trabalhadores-ha-mais-de-dois-anos-desempregados.shtml. Acesso em: 2 mar. 2023.

BURKUS, D. *Leading from anywhere*: the essential guide to managing remote teams. California: Mariner Books, 2021.

CARTA do professor de Thomas Edison para sua mãe. *In*: O ABRECAMPENSE. [*S. l.: s. n.*, 202-?]. Disponível em: http://oabrecampense.com.br/cartade-thomas-edison/. Acesso em: 2 mar. 2023.

COHEN, E. G.; LOTAN, R. A. *Planejamento o trabalho em grupo*: estratégias para salas de aula heterogêneas. Porto Alegre: Penso, 2017.

DAROS, T. *Revista Ensino Superior*, [2023?]. Disponível em: https://revistaensinosuperior.com.br/author/thuinie-daros/. Acesso em: 23 mar. 2023.

DELL TECHNOLOGIES. *Realizing 2030:* a divided vision of the future. IFTF, [202-?]. Disponível em: https://www.delltechnologies.com/content/dam/delltechnologies/assets/perspectives/2030/pdf/Realizing-2030-A-Divided-Vision-of-the-Future-Summary.pdf. Acesso em: 2 mar. 2023.

DEWEY, J. *Experiência e educação*. 2. ed. São Paulo: Nacional, 1976.

DWECK, S. *Mindset:* a nova psicologia do sucesso. São Paulo: Objetiva, 2017.

EAGLEMAN, D.; BRANDT, A. *Como o cérebro cria:* o poder da criatividade humana para transformar o mundo. Rio de Janeiro: Intrínseca. 2020.

FUNDACIÓN BOTÍN. *¡Buenos días creatividad!* Hacia una educación que despierte la capacidad de crear. Cantábria: Fundação Botín, 2012.

FUTUREME. Memories Group Limited, 2023. Disponível em: https://www.futureme.org/. Acesso em: 2 mar. 2023.

HATTIE, J.; YATES, G. *Visible learning and the science of how we learn*. Routledge: Taylor & Francis Group, 2013.

KELLEY, D. *Como construir sua confiança criativa*. [*S. l.: s. n.*], 2012. 1 vídeo (19 min). Publicado pelo canal TED. Disponível em: https://www.youtube.com/watch?v=16p9YRF0l-g. Acesso em: 5 mar. 2023.

KHAN, S. *Um mundo, uma escola:* a educação reinventada. Rio de Janeiro: Intrínseca, 2013.

LENHART, A. About the Pew Internet & American Life Project. *Pew Research Center,* 27 Jun. 2007. Disponível em: https://www.pewresearch.org/internet/2007/06/27/about-the-pew-internet-american-life-project/. Acesso em: 5 mar. 2023.

MICHAELS, E.; HANDFIELD-JONES, H.; AXELROD, B. *The war for talent.* Boston: Harvard Business School Press, 2001.

O BOM dinossauro. Direção: Peter Sohn, Raymond Ochoa, Frances McDormand. [*S. l.*]: Pixar Animation Studio; Walt Disney Studios Motion Pictures, 2016. (93 min), son., color.

PEREIRA, G. A educação em nova era. *In*: REIS, F. (org.). *Revolução 4.0*: a educação superior na era dos robôs. São Paulo: Cultura, 2019.

PETRY, J.; BÜNDCHEN, V. R. *Seja singular! As incríveis vantagens de ser diferente.* São Paulo: Faro, 2018.

PUCCIO, G. J.; MANCE, M.; MURDOCK, M. C. *Creative leadership skills that drive change.* 2nd. ed. Thousand Oaks: Sage Publications, 2010.

ROBINSON, K. *Do schools kill creativity? In*: TED. [*S. l.: s. n.*], 2006. 1 vídeo (19 min). Disponível em: https://www.ted.com/talks/sir_ken_robinson_do_schools_kill_creativity. Acesso em: 5 mar. 2023.

ROBINSON, K. *Escolas criativas:* a revolução que está transformando a educação. Porto Alegre: Penso, 2019.

SINEK, S. *Comece pelo porquê.* Rio de Janeiro: Sextante, 2018.

SÓ ESCOLA. [*S. l.: s. n.*], 2023. Disponível em: https://www.soescola.com/. Acesso em. 23 mar. 2023.

SPENCER, J.; JULIANI, A. J. *Empower:* what´s happens when students own their learning. San Diego: Impress, 2017.

TECNOLOGIA deixa humanos com atenção mais curta que de peixinho dourado, diz pesquisa. *BBC,* 16 maio 2016. Disponível em: https://www.bbc.

com/portuguese/noticias/2015/05/150515_atencao_peixinho_tecnologia_fn. Acesso em: 23 mar. 2023.

TOMELIN, J. Prefácio. *In*: CAMARGO, F.; DAROS, T. *A sala de aula digital:* estratégias para fomentar o aprendizado ativo, on-line e híbrido. Porto Alegre: Penso, 2021.

TORRANCE, E. P. Scientific views of creativity and factors affecting its growth. *Daedalus*, v. 94, n. 3, 1965. Disponível em: http://www.jstor.org/stable/20026936. Acesso em: 4 mar. 2023.

WORD ECONOMIC FORUM. *The future of jobs report 2020*. Geneva: WEF, 2020. Disponível em: https://www3.weforum.org/docs/WEF_Future_of_Jobs_2020.pdf. Acesso em: 2 mar. 2023.

WUJEC, T. *Construa uma torre, construa uma equipe*. [*S. l.: s. n.*], 2011. 1 vídeo (7 min). Publicado pelo canal TED. Disponível em: https://www.youtube.com/watch?v=H0_yKBitO8M. Acesso em: 5 mar. 2023.

LEITURAS RECOMENDADAS

BRASIL. Ministério da Educação. *Cultura digital*. Brasília: MEC, 2009. Disponível em: http://portal.mec.gov.br/index.php?option=com_docman&view=download&alias=12330%20-culturadigital-pdf&Itemid=30192. Acesso em: 2 mar. 2023.

CAMARGO, F.; DAROS, T. *A sala de aula digital:* estratégias para fomentar o aprendizado ativo, on-line e híbrido. Porto Alegre: Penso, 2021.

CAMARGO, F.; DAROS, T. *A sala de aula inovadora:* estratégias para fomentar o aprendizado ativo. Porto Alegre: Penso, 2018.

FÜHR, R. C. Educação 4.0 e seus impactos no Século XXI. *In*: CONEDU, 5., 2018. *Anais* [...]. Recife, 2018. Disponível em: https://editorarealize.com.br/editora/anais/conedu/2018/TRABALHO_EV117_MD4_SA19_ID5295_31082018230201.pdf. Acesso em: 2 mar. 2023.

MILLER, B.; VEHAR, J. R.; FIRESTEIN, R. L. *Creativity unbound*: an introduction to the creative process. 3rd. ed. New York: Innovation Resources, 2001.

ONU. *Declaração Universal dos Direitos Humanos*. Genebra: ONU. 1948. Disponível em: https://brasil.un.org/pt-br/91601-declara%C3%A7%C3%A3o-universal-dos-direitos-humanos. Acesso em: 5 mar. 2023.

PHILBECK, T. A educação em nova era. *In*: REIS, F. (org.). *Revolução 4.0*: a educação superior na era dos robôs. São Paulo: Cultura, 2019.

SCHWAB, K. *A quarta revolução industrial*. São Paulo: Edipro, 2019.